ロックフェラーが知っていた「もうけ方」

The Secret that Rockefeller Knew

イ・チェユン 著

小牧者出版

母の教え10か条

1. 実の親以上に、神様に仕えなさい。
2. 神様の次に、牧師に仕えなさい。
3. 右のポケットには、常に十分の一献金を用意していなさい。
4. 誰であっても、敵はつくらない。
5. 礼拝をささげる時には、いつも一番前の席に座りなさい。
6. 朝はいつも、その日の目標を立て、神様の御前で祈りをささげなさい。
7. 寝る前には、必ず一日を悔い改める祈りをささげなさい。
8. 他人を助ける力がある時は、精いっぱい助けなさい。
9. 日曜日の礼拝は必ず、所属している教会でささげなさい。
10. 朝、目覚めた時に、まず神様のみことばを読みなさい。

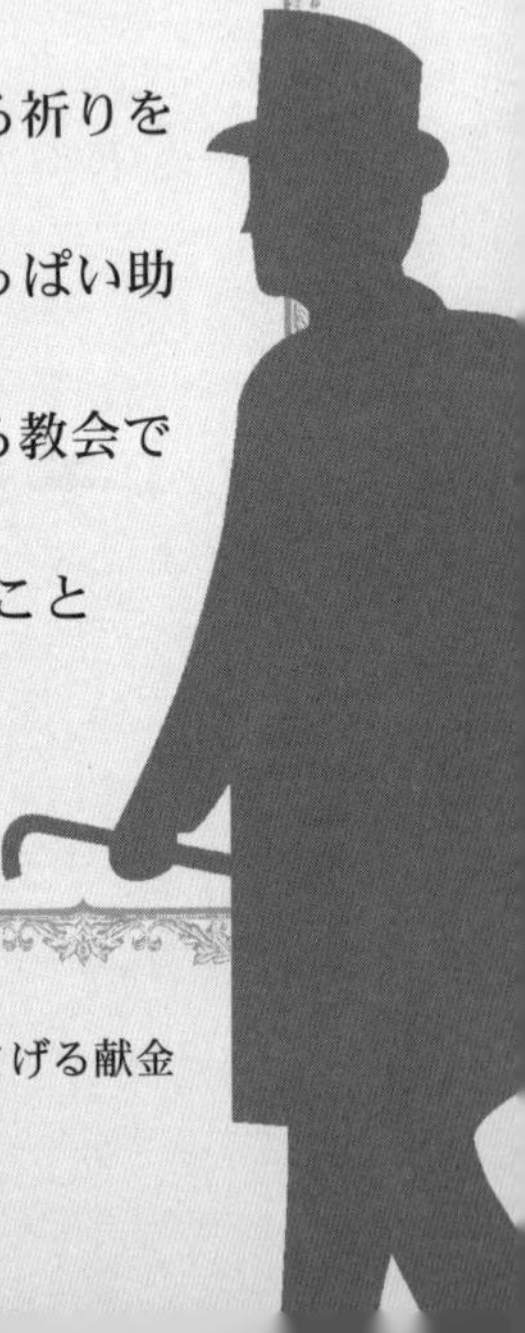

※十分の一献金…収入の十分の一を神様にささげる献金のこと。什一献金とも言う。

John D. Rockefeller

推薦の言葉

十分の一献金に対しては、さまざまな意見があります。ある人は、神様のみことばであるから絶対に守らなければならないと言い、またある人は、旧約時代のイスラエル人の伝統をそのまままねする必要はないと言います。このように、十分の一献金に対する意見がそれぞれ違っているのは、お金のことが私たちにとって非常に大切だからです。

私たちは一人の命が何よりも大切だと、よく言います。それなのに、お金がなくて死んでいく人をそのままに放っておいて、外国へゴルフ旅行に出かける、それがまさに私たち人間の姿なのです。お金がなければ何もできません。そのような点から見ると、お金は人間の命に劣らないほど重要であると言えます。これが現実なのです。人間は命ほどに大切なお金を稼ぐために、一日一日を生きています。裁判官や検事をしても、大統領をしても、建設現場の仕事をしても、よほどの財産家でない限り、収入を得るためには、当然仕事をします。そのような点で、お金は肉体を支えてくれる食物と同じなのです。

このように、命と同じくらい大切な収入の十分の一を神様にささげるということは、かなりの大胆な信仰がなければ不可能なことです。収入の全部を使っても足らないのに、その中から十分の一をささげるとは…。それで、ある牧師は十分の一献金を、収入の十分の一をささげることではなく、全部をささげることと同じであると言いました。言い替えれば、物質ではなく自分の命と信仰をささげるということを意味しているのです。

この世を造られた神様は、物が欲しいから十分の一献金を願っておられるのではありません。十分の一献金をささげるほどの信仰を見たいと望んでおられるからであり、その信仰を種として、三十倍、六十倍、百倍以上にして返したいと願っておられるからなのです。

確かに神様は聖書で、十分の一をささげる人には、天の窓を開いてあふれるばかりの祝福を注ぐと約束してくださいました。この本は、そのように祝福を受けた人の証しの書です。この祝福は、十分の一献金をささげた人自身に、そしてその子孫に与えられると言います。ですから私たちは、神様に物をささげて信仰を現すのですが、それに伴う祝福に執着し過ぎてはいけません。

霊性が深い人たちは、次のように言っています。「地下資源がほとんどない劣悪な状況の中でも、韓国が多方面において、国際的に優れた活動を行っているのは、すべてクリスチャンたちの祈りと献金のおかげである」

しかし、財閥の中にはキリスト者がどこにいるのか、私たちの町に住んでいる〇〇さんはイエス様を信じていなくてもお金持ちではないかと、異論を唱える人もいるでしょう。

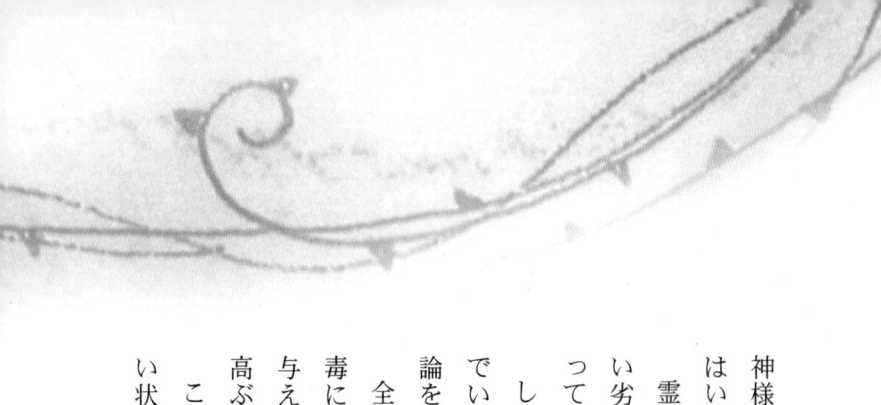

全知全能なる神様は、いくら私たちの信仰が素晴らしくても、私たちに毒になるほどの物を与えることはなさいません。その人に必要な分だけを与えてくださいます。必要以上に物を多く与えて、その人が堕落したり、高ぶることを望んではおられないからです。

この本を読む方の中には、十分の一献金をささげたいけれども、できない状況に置かれている方もいらっしゃると思います。そのような方は、神様に感謝をささげなければなりません。なぜなら、その人は神様に切なる祈りをささげることができるからであり、また十分の一献金の重要性を深く悟ることができるからです。

作家イ・チェユン氏を通してこの本が書かれたのは、決して偶然なことではありません。多くの人が十分の一献金の重要性を悟ること、また国全体が祝福されることを神様は願っておられるからです。

神様はまことに、私たちを祝福することを願っておられます。しかし、魚二匹とパン五つで大人の男性だけで五千人を食べさせた後の残りが、十二かごあったという素晴らしい奇跡も、イエス様に自分の食べ物をささげた、ある子どもの行動があったからであることを覚えてください。

アン・イジョン（『弟よ！　世の中にはバカはいないよ』の著者）

目次

III 一生をささげた石油事業

IV ロックフェラーの帝国

V 完全な信仰

プロローグ

神様から与えられた賜物

人は誰でも「神様から与えられた賜物」をそれぞれ持って生まれて来ます。しかし、その賜物が何であるのかよくわからないか、または努力を惜しんで、その賜物を受けることができずに一生を過ごしてしまう場合も多くあります。これは、悲しいことだと思います。

ここに幼い時から神様から頂いた賜物をよく理解して、一生を過ごした人がいます。貧しい家庭の中で平凡に生まれたロックフェラー（John Davison Rockefeller, 一八三九～一九三七）です。彼は、お金を大事にする方法を知っていましたし、またそれを増やす方法も若いうちから悟ることができました。そのプロセスを通りながら、彼は神様が与えてくださった賜物が何であるのかを知るようになりました。それは、すなわちお金を稼ぐ才能だったのです。

ロックフェラーは、そのような尊い賜物に対して、神様にいつも感謝の心を持っていました。それは、信仰深い母親の教えによるものでした。彼の母は、息子に幼い時から次の三つの約束を守るように教えました。

一、十分の一献金をささげること。

二、教会に行ったら、一番前の席に座って礼拝をささげること。

三、教会に素直に従い、牧師を悲しませないこと。

特に、マラキ書三章一〇節のみことばをよく思い起こすようにさせました。

十分の一をことごとく、宝物倉に携えて来て、わたしの家の食物とせよ。こうしてわたしをためしてみよ。――万軍の主は仰せられる。――わたしがあなたがたのために、天の窓を開き、あふれるばかりの祝福をあなたがたに注ぐかどうかをためしてみよ。

ロックフェラーは一生母親との約束を守りながら、神様が与えてくださった賜物を開発し続けました。彼は、母親の教えに従って、困難の時も喜びの時も、いつも祈ることを忘れない人でした。

ロックフェラーは高校を卒業すると、すぐに小さな会社の事務員として就職しました。彼は、朝早く六時三十分には出勤して仕事をするほど誠実な人であり、毎日、日記代わりに会計帳簿を記録しながら、資金の流れと社会情勢の変化を詳しく把握しながら歩みました。

二十歳になって、ついに事業を始めた彼は、勤勉さと信用を土台として、億万長者の道を歩き始めます。彼は、当時新しい事業として現れた製油事業に大胆に投資をし、莫大な財産を築きました。特に、現場に密着した経営方式で優位に立ち、アメリカ国内で石油生産の九十五パーセントを獲得し、ついに世界一の富豪になりました。

ロックフェラーは、億万長者になった後も、誠実に節約する精神を貫きました。彼は一生、日記を付けるように会計帳簿を徹底的に記録しましたし、収入を正確に計算し、完全な十分の一献金を神様にささげました。世界一の富豪になった後も、十分の一献金を計算するための担当部署に、四十名の職員を雇うほどだったのです。

彼は、小学校に入る前から九十八歳で天に召されるまで、一度も忘れることなく十分の一献金を神様にささげました。幼い頃から受けた母の教えは、彼にとって座右の銘となり、最も大きな遺産になったのです。

ロックフェラーは、十分の一献金が天の御国に宝を蓄えることであり、困難な人々を助けることであると考えていたので、いつも喜びながら十分の一献金をささげました。そして神様はそれを三十倍、六十倍、百倍にして、自分に返してくださるという信仰を持っていました。

彼は老年になって、事業から離れ、ひたすら慈善事業にのみ専念しました。本当に助けを必要としている人々を探し出すことは、お金を稼ぐことよりも大変であると悟った彼は、集中的に緻密な慈善事業を展開することで「やはりロックフェラーらしい！」という評価を受けました。

「私のお金を稼ぐ才能は、神様から頂いた賜物であると信じています。このような素晴らしい神様の賜物を受けているのですから、お金を稼いでそれをまた増やして得たお金を、主のみこころに従って用いることが私の使命であると考えているのです」

事業家の社会的な役割がはっきりしていなかった時代に、ロックフェラーは社会事業を通して、自分自身の富を正当なものとして、世の中の人々に認識させました。彼の息子であるロックフェラー二世も、父の遺業を受け継ぎ、莫大な資金と膨大な人脈を土台として、全世界的なネットワークを構築し、ロックフェラー一族の全盛期を築き上げました。

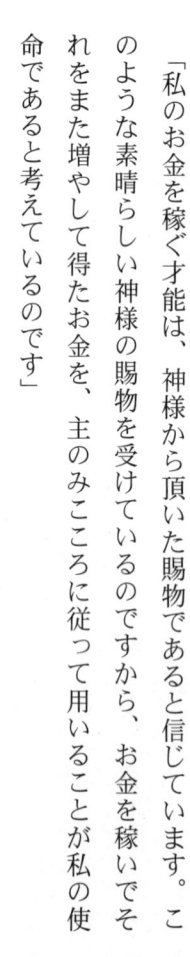

ロックフェラーを一言で言うと、神様から受けた賜物であるお金儲けの賜物を、思う存分発揮して生きた人物と言えます。彼は神様から与えられた賜物を正しく受け取る方法を次のように表現しています。

目標を高い位置に置くことです。同じ努力ですが、目標が高い人はそれに向かって一生懸命努力するでしょうし、一日一日を生きるのがやっとの人は、志が低いので小さな努力で終わってしまうからです。自分自身に内在している無限の能力を引き出して用いるために重要なのは、どれほど高い目標を持つかということです。自分にはできないという考えは、自分をごまかす非常に大きな嘘であることを覚えてください。

二〇〇六年三月　イ・チェユン

I
子ども時代

1

両親

王であっても農夫であっても、自分の家庭の中に平安を見いだすことができる人が一番幸いな人である。

――ゲーテ（Johann Wolfgang von Goethe, 一七四九～一八三二）

母親

自由奔放で変わり者だったウィリアム・アヴェリー・ロックフェラー（William Avery Rockefeller）は、「ビッグ・ビル」（Big Bill）というニックネームを持っていました。ハンサムで、リッチフォードで一番おしゃれということで、このようなニックネームが付けられたのです。彼は、青い瞳に肩ががっしりとしていて、ユーモアのセンスも優れ、才気に富んでいる人でした。

ウィリアムは農業をしていましたが、全国を巡り歩きながら塩、木材、毛皮、馬などを売る商売が好きでした。彼は知識も豊富で、病人を治療することもあり、彼を「ドクター」と呼ぶ人もいました。

二十六歳になった年に、ウィリアムはリッチフォードから北へ五十キロメートルほど離れた、富裕な農場主ジョン・デヴィソンの家を訪ねます。ウィリアムは話すのが面倒だったので、口のきけない人のまねをしながら、板に字を書いて品物を売っていました。

そのとき、ウィリアムはジョン・デヴィソンの末娘エリーザの美しさに一目ぼれします。彼女は、赤い髪にすてきな青い目をしていて、締まった腰と魅力的に話す才能を持っていました。ウィリアムは、彼女に好意を持ちました。

エリーザも、穏やかな顔でよく笑い、またよく笑わせるウィリアムに親しみを感じていました。それでエリーザは、軽い気持ちでこのような冗談を言ってしまいます。

「あなたがもし、耳が聞こえて、言葉を話せる人でしたら、私はあなたと結婚しますのに」

するとウィリアムはあまりにもうれしくて、彼女の言葉を町中に言い広めてしまいました。厳格なバプテストの教会員であった彼女の父ジョン・デヴィソンは、非常に驚いて反対しましたが、二人は父の許可も受けずに結婚式を挙げました。ウィリアムは耳も聞こえるし、言葉も話せたので、エリーザは自分がした約束を守らなければならなかったからです。

二人の間に長女が生まれて十七カ月目の一八三九年七月八日に、男の子が生まれました。そして母方の祖父の名前から、ジョン・デヴィソンと名付けられました。彼が後に、世界一の富豪になったジョン・デヴィソン・ロックフェラーです。

ロックフェラーが生まれた時代は、アメリカがものすごいスピードで資本主義の冒険的なドラマを繰り広げながら、超大国の基盤を据え始めた時期でした。彼はゴールドラッシュ（gold rush）と南北戦争という激動の時代を経験しながら成長しました。

自由奔放な性格の父親に比べて、信仰心が非常にあつかった母親は、幼いジョンに多くのことを教えてくれました。ジョンの母親は、厳格なピューリタン信仰を持っていて、道徳的にも非常に厳しい人でした。ですから、怒っている時にも節度ある行動を取りましたし、常識から外れたことをしたことはありませんでした。

家で農業をしていたので、ジョンは小さい時から草を刈ったり、牛の乳しぼりを手伝っていました。

母は朝早くから、息子を起こしながら言いました。

「早く起きなさい。熱心に働かなければ、あなたは大きくなったら貧乏人になってしまうわよ」

ロックフェラーは、母親を通じて強い意志と誠実さ、節約意識を受け継いだのでした。母は、小さな息子にいつもこのように教えました。

「計画性のない無駄使いは、悲惨な貧しさをもたらす」

このような母親の教えは、ジョン・デヴィソン・ロックフェラーの心に、節約と信用の重要性を一生深く刻みつけ、後に彼が事業家として成功する大きな助けになりました。

父親

ジョンの父親は、現実的な面から息子を教えました。

ジョンがちょうど、よちよち歩きを始めた頃のことです。父は手を伸ばして息子の手をつかんであげる振りをしながら、パッと手を離してしまいます。ジョンは、そのまま地に倒れてしまいました。父は幼い息子を立ち上がらせながら、このように言うのです。

「誰も完全に信じてはならない。父である私でさえも信じてはならない時があるのだ。わかるかい?」

父は、ジョンがよちよち歩きを始めた頃から、都会のけん騒の中に連れて行き、革靴を買ってあげながら、世の中が広いことを見せました。当時、父がジョンを連れて行った場所は、産業の中心地になりつつあったニューヨーク近郊の新都市、シロキュスでした。

その後も父は、ジョンを連れてその都市の市場を歩き回りながら、いろいろなものを見せました。ですからロックフェラーは、田舎町のようであったアメリカが、近代的な国へ変わる様子を間近に見ながら成長することができました。

父は市場で値引き交渉をしながら、どんな取引であっても、最大の利益を生み出さなければならないということを教えました。

「小さなどんぶりを、大皿に変える方法を知らなければならない」

父は、人々にこのように言ったこともあります。

「私は機会があるたびに、わざと息子たちをだましたりする。それは子どもたちがもっと利害に抜け目がないように願うからだ」

もちろん、ジョンの父親はそのようなことだけを教えたのではありません。スポーツ好きだった父は、ジョンをはじめ三人の息子に乗馬、射撃、水泳を教えましたし、時には子どもたちを湖に連れて行って、魚を捕る方法も教えました。

父は、子どもたちに酒やタバコを禁止しました。長男のジョンは、父の言葉に従い、酒やタバコをやりませんでしたが、弟たちはこれを守りませんでした。

父は息子の教育のために、町の人々を説得して基金を集め、学校を建てるために先頭に立って働きました。教室が一つだけの学校でしたが、幼いジョンは石板（石筆で字を書いたり絵を描いたりするために、石を薄く削って作った板）を、宝物のように胸にしっかり抱いて、授業を受けに通いました。

時には、学校で礼拝をささげる時がありました。父はほとんど参加しませんでしたが、母はいつも子どもたちを連れて礼拝に出席し、労苦して稼いだお金を神様にささげました。

父は、農閑期には馬車にいろいろな物を乗せて、あちこちの町を売り回りました。商売を終えて何日かぶりで家に帰ると、父は馬車から飛び降りて、自分に向かって走って来る子どもたち（ロックフェラーの親には三男三女が与えられた）を一人ずつ抱き上げ、頬にキスをしながら金貨を手渡しました。そのような夜は、父は葦で作った小さなオルガンであるメロディアンやバイオリンを演奏しながら、子どもたちと歌を歌いました。

木が良ければ、その実も良いとし、木が悪ければその実も悪いとしなさい。
木のよしあしはその実によって知られるからです。

マタイの福音書一二章三三節

2 母親の教え

私が成功したとすれば、それはただ天使のような母のおかげである。

——リンカーン（Abraham Lincoln, 一八〇九〜一八六五）

二セントの献金

ロックフェラーが、六歳になった頃のことです。

ある日、母は幼い息子に言いました。

「ジョン、あなたはもう六歳になったのよ。だから今日からはあなた一人で教会に通うようにしなさい」

そう言いながら、母はジョンの手に生まれて初めて二十セントのお小遣いを渡しました。ジョンはそのお金を受け取って、喜びながらポケットに入れました。その時、母は厳しい顔で言いました。「ジョン、そのお金を出してごらん」ジョンは訳がわからないという顔で、母の言うとおりにポケットからお金を出しました。すると母は、息子の手をつかんでこのように言いました。

「この二十セントは、確かに私があなたにあげたものよ。でも、あなたはこのお金を無駄に全部使ってはなりません。この中には、あなたが神様にささげる分が入っているのよ。二十セントの十分の一である二セントは神様のものですからね」

母は二セントを別に分けて、他の封筒に入れてくれました。それとともに、母はそれが「十分の一献金」であり、これからもお金が与えられたら、まず神様にささげる十分の一献金を必ず、別に分けておくように教えました。

「今日教会に行ったら、まず十分の一献金をささげなさい」

ジョンはその日、一人で教会に行って、十分の一献金をささげてから礼拝をささげました。賛美をし、牧師のメッセージを聞くうちに、なぜか幼い彼の心は喜びで満たされていました。

それ以来、ジョンは教会に行くことと十分の一献金をささげることが、一番大きな喜びだと思うようになりました。

二つの袋

子ども時代のジョンは、家の手伝い以外にも、隣の農家のジャガイモ掘りを手伝わなければなりませんでした。息子の自立心を育てるために、母はわざわざ大変な仕事をさせたのです。何日か後、ジャガイモを掘ったジョンは生まれて初めて労賃を受け取りました。

「ジョン、ご苦労さま。まだ小さいのに本当に立派だね」

隣の農夫は、ジョンに一ドル五十セント渡しました。

「ありがとうございます」

ジョンは、農夫にあいさつをしてから、うれしくて家に走って帰りました。彼は、自分が初めて稼いだお金を、誇らしげに母に見せました。

母は、あらかじめ用意した二つの袋をジョンに渡しながら言いました。

「この小さな袋には、あなたが稼いだお金の中から十分の一を入れて、神様にささげなさい。残りのお金はこの大きな袋に入れて使いなさい」

「はい、お母さん」

ジョンは、母の言葉に従って、二つの袋にお金を分けて入れました。

こうして、ジョン・デヴィソン・ロックフェラーは学校に入る前から九十八歳で天に召されるまで、一度も忘れることなく、十分の一献金を徹底的に神様にささげる習慣を持つようになったのです。

彼は一生、日記を付けるように徹底的に会計帳簿を付けていましたし、「収入の十分の一」という原則を守り抜きました。世界一の富豪になった後も、十分の一献金を計算するために四十名の職員を雇うほどでした。

幼い頃に受けた母親の教えは、彼にとって一生の金言であり、最大の遺産になりました。

イサクはその地に種を蒔き、その年に百倍の収穫を見た。主が彼を祝福してくださったのである。こうして、この人は富み、ますます栄えて、非常に裕福になった。

創世記二六章一二～一三節

3 お金の価値を知った子ども

私たちは、よく子どもたちはお金の価値を知らないと言います。しかし、その言葉は全面的に正しいとは言えません。子どもたちは「親の」お金の価値はわからなくても、「自分たちの」お金の価値はよく知っているからです。

――ジュウディ・ミキ

七面鳥を育てる

ロックフェラーが七歳になった頃のことでした。

ある日、農場の草むらに七面鳥のメスが行き来するのを見つけました。七面鳥は小川のほとりを通って、森の中にある巣にゆっくり帰って行きました。ジョンは、そっと七面鳥の後を追いました。その瞬間、七面鳥はそれに気付いて、あっという間に草むらの中に消えてしまいました。

次の日、ジョンはもう一度その場所に行って、七面鳥を探しました。しかし、七面鳥は前日と同じように、ジョンから逃げて消えてしまいました。それでもジョンはあきらめずに何度も七面鳥を追跡し、ついに巣を探し出したのです。彼は七面鳥を捕まえて、卵も一緒に、物置小屋まで連れて来ることに成功しました。

母はジョンに、七面鳥を大きく育てて売ることを勧めました。いつも勤勉で節約することを教えてくれた母は、息子の自立心を養ってくれたのです。こうしてロックフェラーは生まれて初めて、お金をもうけることを覚えました。

野生の七面鳥が物置小屋で卵を温め、しばらくするとかわいいひなたちが卵から孵化して出て来ました。ジョンは、真心を込めて七面鳥のひなたちの世話をしました。彼は、食べ残った固いパンや牛乳を餌として与えたり、イナゴなどの昆虫を取って来て食べさせながら、心を込めて七面鳥のひなたちを育てました。

いよいよ秋になって、ひなたちが大きくなったとき、ジョンはそれを市場で売りました。そしてその次の日、七面鳥のメスを何匹か買って来て、もっと多くのひなを孵化させ、さらに多くのお金を稼ぎました。

ジョンは、母が居間に置いた青いどんぶりに小銭を集めましたが、三年間七面鳥を飼ってためたお金が五十ドルにもなりました。彼はそのお金を知人に貸して、六カ月後に三ドル五十セントの利子を受け取ることができました。

幼いジョンは、そこで大変感動しました。三ドル五十セントというお金は、彼が一日に十時間ずつ十日間ジャガイモを掘らないと、稼ぐことのできないお金だったからです。その時ジョンは、お金がどのようにして利益を生み出すのか悟ることができました。

時は流れ、老人になったロックフェラーは、彼の自叙伝にこのような言葉を残しています。

「その時、私はお金のために働くのではなく、お金が私のために働くようにしなければならないことを教えられました」

決心

ロックフェラーは幼い時から、生まれつきの優れた経営センスを見せました。

幼いジョンは、飴をたくさん買って来て、姉や弟たちに売って少しずつ利益を残したり、お金を貸して利子を上乗せして返してもらいました。

七面鳥を育てたことと知人に貸してお金を増やしたことで、ジョンは徐々にお金もうけのすごい才能を発揮し始めました。この少年事業家は、腐ったものが混ざった豆を山ほど買っては、その中から腐った豆を取り除いて、新鮮なものだけをもっと高い値段で売ってしまったこともありました。

しばらくたって、ジョンの家族はクリーブランドへ引っ越しました。クリーブランドは、オハイオ川とエリー湖を結ぶ運河の起点に位置する所で、メキシコ湾とオデー湖につながっているため、交易において非常に重要な役割を果たしていました。波止場はいつも人々で込み合っていましたし、帆を上げたたくさんの船が、乗客と貨物を積んで行き交っていました。

ジョンは時々、学校帰りに波止場を歩きながら、交易がなされる現場を眺めたりしていました。彼は幼い時に父が都会に連れて行って、世の中の流れに慣れるようにしてくれたことを思い出しながら、自分の未来像を描いてみることもありました。

ある日、一人の友人がジョンに尋ねました。

「ジョン、大きくなったら何になりたい?」

少年ロックフェラーは、ためらわずに答えました。

「僕は、十万ドルの価値がある人になりたい。僕は、必ずそのようになるんだ」


銀にはるつぼ、金には炉、人の心をためすのは主。

箴言一七章三節

4 少年時代

信仰は母の心を持っている。科学は、私たちが望んでいることに対して冷淡だが、信仰はそれをあわれんで私たちを励ましてくれる。

——アミエル（H.F.Amiel,一八二一～一八八一）、『日記』から

父の放浪

ジョンが少年期に入る頃から、父は放浪癖のゆえに家を留守にする日が多くなりました。父は活発な性格で、楽天主義者で、また才能も豊かな人でした。彼はインディアンのように乗馬もうまく、鉄砲の名手であり、何よりも自分を俳優のように華々しく見せる素質を持っていました。また父は自分が書いた脚本を、他の人々が面白く、もっと膨らませていくのを見ながら喜んでいました。

当時のアメリカ社会には、ゴールドラッシュという前代未聞の西部開拓の風が吹き荒れていましたが、ジョンの父も同じように一攫千金を夢見て、西部へ走っていったのでした。

家に父がいなかったので、家族はお金を節約して使わなければなりません。父は、たまに家に帰ることもありましたが、ほとんど手ぶらで帰る日が多く、それさえもますます間遠になっていきました。

家族の生活は日増しに苦しくなっていったので、長男であるジョンが父の代わりにならなければなりませんでした。ジョンは、学校に通いながら家を手伝うために最善を尽くしました。

ジョンは、家で作ってもらった古ぼけた服を着て学校に通わなければならなかったのですが、それが恥ずかしくて、学校で全体写真を撮る時も、わざとその場を離れてしまいました。そのようなことがあってから、彼は良い服を買って着ることができるくらいお金を多く稼ぐことについて、親しい友人に話したこともあります。

「僕は、これから十万ドル以上稼ぐんだ。必ず稼いでみせるから」

その時から、彼は十万ドルの価値を持った人になるという夢を持つようになりました。

しばらくして、自分の才能を過信してゴールドラッシュに走っていた父が、無一文になってどうすることもできない状況に陥っているとの消息が伝わりました。父の放浪が続いたので、ロックフェラー一家はあちこちへ引っ越ししなければなりませんでした。家族は農場を売ってニューヨークの北、オウィーゴーに引っ越しをしました。オウィーゴーは、住民が七千人ほどの田舎町です。ロックフェラーの家族は、サースクエンナの川が眺められる家を貸りて暮らしました。ロックフェラーは、この家から学校に通い始めましたが、特に科学の時間がとても好きだった彼は、当時新しく発明された発電機、電信機などに多くの関心を持っていました。そして数学と暗算の実力が非常に優れていました。

後に事業家になったロックフェラーは、百万ドルのパイプラインを購入する契約をすることになりました。彼はその時、暗算の実力を発揮して相談をしている三十分の間に、三万ドルを節約できる支払い方法を思いついたのです。それほど、非常に頭の回転が早い人でした。

新都市クリーブランド

十四歳になった時に、ロックフェラーの家族はもう一度クリーブランドに引っ越しました。当時クリーブランドは、新しい鉄道の路線ができて、都市全体が活気に満ちていました。

ロックフェラーは、クリーブランドで新しく開校したセントラル公立高校に入学しました。新しい都市に新しく開校した学校らしく、近代的な施設で、自由な校風を持っていました。

ロックフェラーはアカデミックな学生ではありませんでしたが、事物を真剣に見て、自分の考えを明確に表現することができる学生でした。彼は字を書くことと言葉を話す実力は非常に優秀でしたので、ある機会に「悲しいときもほほ笑みを」と、自分を表現したことがありました。これがきっかけで「悲しいときもほほ笑みを」は、彼のニックネームでありながら、同時にトレードマークになりました。

事実、厳しく悲しい印象を持っていたロックフェラーは、声に出して笑うということはほとんどなかったのです。時々一人で何かを考えては意味深くほほ笑むので、トレードマークとしてまさにピッタリでした。

ですから同じクラスの友だちは、ロックフェラーについてこのように言いました。

「ロックフェラーは、笑う時も深刻な顔で笑っていましたね」

そのような印象のゆえに、ロックフェラーのもう一つのあだ名は「執事」でした。

彼はそのニックネームにふさわしく、教会に忠実に通いました。当時、彼はエリー・ストリート・バプテスト教会へ通っていて、高等部の活動を熱心に行っていました。彼は、日曜日にささげる二回の礼拝に必ず参加しただけではなく、平日にも常に教会に行って、窓ガラスを磨くとか、廊下の掃除や電気の点検などの奉仕を活発に行いました。また教会で行われる祈りの集いや親睦会、遠足にも必ず参加しました。

ロックフェラーは十五歳で洗礼を受け、その後、聖書を学ぶクラスを任され、子どもたちを教えました。彼は、日曜学校で子どもたちにこのように教えていました。

「穏やかな人にならなければなりません。そして、私たちの隣人に冷たくしてはいけません」

また彼は、聖歌隊にも参加していました。後日彼は、その当時は一日に六時間ずつ、声楽とピアノを学んだと言っています。

二人の友人

ロックフェラーには友だちがほとんどいませんでしたが、高校生の時に彼の人生において大切な二人の友人に出会います。

一人は男性で、彼の名前はマーク・ハンナ（Mark Hanna）でした。ハンナは不正を見ると我慢できない性格と、実に男らしい情熱的な面を持っていました。

ある日、道端でボール遊びをしていた時のことでした。ロックフェラーが蹴ったボールが、よりによってペンキ塗りをしていた人に当ったのです。梯子から落ちそうになったその人は、ひどく怒りました。ロックフェラーは何回も謝りましたが、その人の怒りは収まりません。その時、そこを通りかかった同じクラスのハンナが近づいて来て、その人を追い払ってしまいました。この出来事を通して、ロックフェラーとハンナは親しい友人になったのです。

後に、ハンナは上院議員になり、ロックフェラーは一流の企業家になりました。二人は一生助け合う関係を保ちながら、友情を分かち合いました。ハンナは大統領選挙のたびにキングメーカーになって、大きな影響力を発揮する大物政治家になり、ロックフェラーのスタンダード・オイル・トラスト（Standard Oil Trust）を助ける政治的後援勢力の中心になりました。

ロックフェラーと付き合ったもう一人の友人は女性で、名前はローラ・スペルマン（Laura Spelman）でした。

彼女は後にロックフェラーの妻になるのですが、だからと言って、学生の時から熱烈な恋愛をしたのではありません。ロックフェラーとローラが親しくなったきっかけは、彼女が当時の女子には人気のなかった選択科目の中から、ロックフェラーが大好きな経営学を学ぶようになったことからでした。

ロックフェラーより二歳年下のローラは、オハイオ州議会の議員であり、成功した事業家であるハビ・ビュエル・スペルマンの娘でした。彼女は黒髪に明るい茶色の瞳を持ち、歌やピアノの才能がありました。ローラの家柄は、ロックフェラーの家のように忠実なクリスチャンでしたが、彼女は卒業のスピーチの時に「女も男たちのように自分のカヌーの櫓を漕ぐことができます」と叫ぶほど、開放的で大胆な性格の持ち主でした。

しかしロックフェラーがローラにプロポーズをしたのは、学生時代ではありませんでした。ロックフェラーには、その頃結婚を考える余裕など全くなかったからです。彼らは短い手紙を交わす程度の間柄でした。

ロックフェラーは一生「ジョンR」という愛称を使いましたが、ローラに手紙を送ったときからその愛称を使い始めたと言われています。彼は社会人になって書類にサインするときにも、この愛称をよく使いました。

ですから、だれでも自分自身をきよめて、これらのことを離れるなら、その人は尊いことに使われる器となります。すなわち、聖められたもの、主人にとって有益なもの、あらゆる良いわざに間に合うものとなるのです。

テモテへの手紙第二 二章二一節

5 母親との三つの約束

子どもの未来を構築することは、母親の仕事である。
――ナポレオン（Napoleon Bonaparte, 一七六九～一八二一）

三つの遺産

ロックフェラーには「母親との三つの約束」という子ども時代の有名なエピソードがあります。このエピソードは、彼が大事業家として成功した後に自叙伝の中で告白したもので、ジョンは自分が成功した秘訣として、幼い頃に母と交わした三つの約束を生涯守り通したことを挙げました。

その三つの約束とは、次の通りです。

一、十分の一献金をささげること。
二、教会に行ったら、一番前の席に座って礼拝をささげること。
三、教会に素直に従い、牧師を悲しませないこと。

彼が自叙伝を出版すると、ある新聞記者が次のように尋ねました。

「会長は今回出版された自叙伝の中に、世界一の富豪になった秘訣として、お母様から頂いた三つの遺産について語っておられますね。そのことについてもっと詳しくお聞きしたいのですが…」

その質問に対して、ロックフェラーはこのように答えました。

「子どもの頃、私は母と約束をしました。私は、それをどんな時にも必ず守りました。今になって思うと、それは母が与えてくれた信仰という遺産だったのです。この信仰的な遺産を頂いたことが、私が世界一の富豪になった秘訣であると思います」

すると、記者はもう一度質問しました。

「三つの信仰の遺産とは、具体的に何のことでしょうか？」

「母から頂いた第一の遺産は、十分の一献金を必ずささげるということでした。母は、幼い時から私を教会に連れて行きました。私はお小遣いを二十セントずつもらっていましたが、そのつど母は十分の一献金を先にささげなければならないと言い、十分の一献金が習慣になるように教えてくれたのです。私がもしそのとき、母からそのような教育を受けていなかったなら、後で百万ドルを稼いだ時に十万ドルもの十分の一献金をささげることはできなかったはずです。しかし、私は母から徹底的な十分の一献金の教育を受けていたので、後に世界一の富豪になって莫大な富を築いた時も変わることなく、十分の一献金を正確にささげることができたのです」

「第二の遺産とは何でしょうか？」

「富豪として成功することができた二番目の信仰の遺産は、教会に行くと一番前の席に座って礼拝をささげることです。母はいつも幼い私を連れて四十分ほど早く教会に着きました。そして一番前の席に座って礼拝をささげていたのです。母は、そうすることによって牧師のメッセージに集中できるし、より多くの恵みを受けることができると言いました。母は一番前の席を、一番大きな祝福の席であると考えていたのです」

「では、第三の遺産は何でしょうか?」

「富豪として成功することができた三番目の信仰の遺産は、教会に素直に従い、牧師の心を悲しませることをしてはならないということでした。ですから私は、少し気に入らないことがあっても、いつも牧師の言葉に従いましたし、どんなことであっても、教会で決めたことに対して不平を言わずに、常に素直に従う原則を守ってきました」

ロックフェラーは、驚くほどの金額をささげ、数千の教会を建てて、神様にささげました。そうでありながらも、教会がすでに決めたことに対しては、常に素直に従うというポリシーを持っていましたし、平凡かつ純粋な教会員の姿勢を貫いたのでした。彼は自分のそのような信仰の姿勢の土台は、母の信仰教育によるものであることを悟っていました。

「私は、母との約束に従って神様に多くの物をささげながらも、二十年、三十年後にはそれが必ず多くの実を結ぶということを確信することができました。このような神様の経済学を、私は母を通して徹底的に学ぶことができたのです」

母親の遺言

ロックフェラーの母親は、息子が世界一の富豪になったことを見届けてから、天に召されました。しかし、母はいつも息子のことを心配していました。ですから天に召される直前に、まるで十戒のような遺言を息子に残したのです。それは、また違う信仰の遺産でした。

母親の几帳面で、純粋な道徳性を受け継いだロックフェラーは、母親の遺言を生涯胸に抱きながら暮らしました。これこそが、彼を偉大な神の人として生きるように導いたのです。

母親の遺言

1．実の親以上に、神様に仕えなさい。

2．神様の次に、牧師に仕えなさい。

3．右のポケットには、常に十分の一献金を用意していなさい。

4．誰であっても、敵はつくらない。

5．礼拝をささげる時には、いつも一番前の席に座りなさい。

6．朝はいつも、その日の目標を立て、神様の御前で祈りをささげなさい。

7．寝る前には、必ず一日を悔い改める祈りをささげなさい。

8．他人を助ける力がある時は、精いっぱい助けなさい。

9．日曜日の礼拝は必ず、所属している教会でささげなさい。

10．朝、目覚めた時に、まず神様のみことばを読みなさい。

自分の宝は、天にたくわえなさい。そこでは、虫もさびもつかず、盗人が穴をあけて盗むこともありません。あなたの宝のあるところに、あなたの心もあるからです。

マタイの福音書六章二〇～二一節

II
若い時に始めた事業

John D. Rockefeller

6 人生の歩み出し

成功することを願っていますか？　もしそうであるのなら、もうすでに開拓された成功の道ではなく、まだだれも行っていない新しい道を開拓することです。

——パーマストン（Henry J. Temple Palmerston, 一七八四～一八六五）

就職

一八五五年八月、高校を卒業した十六歳の少年ロックフェラーは、大学の進学をあきらめました。彼は、ロックフェラー家の中で最初の大学生になりたいと思っていましたが、家庭が非常に大変な状況だったからです。その代わりに彼は、長い間夢見てきた事業家の道に進もうと決心しました。

彼は仕事を求めて、クリーブランドの街を歩き回りました。

彼が望む仕事は、単純労働ではありませんでした。自分の大きな夢を広げるために、事業を学ぶことができる職場を探し求めていたのです。彼は、鉄道会社、銀行、卸売業者など、将来性があって規模の大きい会社を熱心に探し求めました。

彼は熱い太陽の下で一カ月近く、クリーブランドの中心地を歩き回りましたが、仕事は見つかりませんでした。その当時は開拓時代でしたので、一般労働職はあふれるほどありましたが、事務職や管理職を見つけるのはとても困難でした。

ついに、彼の父は言いました。

「もう、仕事探しはやめて、私と一緒に田舎に戻ろう」

その頃の父は、長い行商生活を終えて、ある程度のお金をためて家に帰っていました。ですからもう一度、心を新たにして農場の仕事をやろうと考えていたのです。

しかしロックフェラーには、父のその言葉は死の宣告として聞こえました。彼には、つらく大変な農作業で埋もれて一生を過ごすという考えは全くなかったからです。後日ロックフェラーは、その時のことをこのように回想しました。

「その時、私が田舎に戻ってしまっていたらどうなっていただろう⁉　父のその言葉を思い出すと、今も冷や汗が流れる」

ロックフェラーは、希望を失うことなく職探しを続けました。九月二十六日、三階建てのれんがの建物の階段を上って行きながら、彼は自分が望んでいた場所を見つけたという予感がしました。そこは「ヒューイット・アンド・タトル社」という穀物の委託販売の会社でした。その会社の社長は、ロックフェラーの履歴書を見た後、数分間の面接を行いました。

「あなたが得意とする仕事は何ですか?」社長が聞きました。

「私は会計を良く理解しています。経理の仕事がしたいのです」。ロックフェラーは自信をもって答えました。

「よろしい。あなたを信じましょう。熱心に働くことはできますか?」

「もちろんです。最善を尽くします」

このようにして、ロックフェラーはヒューイット・アンド・タトル社の経理として採用されました。

ロックフェラーは飛び跳ねるほどうれしくてたまりませんでした。彼は自分がこれから仕事する席に座って、まるで飛ぶような気持ちになりました。その日から、彼はその場所で仕事を学びながら、事業とは何かを知るようになりました。

「その日は、私の生涯で非常に特別で重要な日であった。生まれて初めて自分の生計を立てるためのお金を稼ぐことができた日なのだから！」

後日彼はこのように回想しながら、九月二十六日を自分の二番目の誕生日としました。

ロックフェラーは、億万長者になった後にも、その日を「職場の日」として定め、記念したのです。ハドソン川をはさんだロックフェラーのポーコンティコ・ヒルでは九月二十六日になると必ず星条旗が掲げられましたし、家ではその日を記念する簡単なパーティーが開かれました。

ロックフェラーが六十代に入った頃のことです。彼はクリーブランドを訪問した時、急に運転手に反対方向に向かうように叫んだのでした。彼は車を自分が若い頃に働いていた所へと向かわせました。

「あそこを見なさい！　あそこの正方形の建物のことだよ！　あそこが週給四ドル

をもらいながら初めて働いた所だ」

彼は、車から降りて建物の周辺のあちらこちらを散歩しながら、懐かしい思いに浸っていました。いつの間にか、彼の目には涙がこぼれていました。

初めての職場

ロックフェラーは、毎朝六時三十分に出勤して仕事を始めました。冬のその時間はまだ暗かったので、明かりをつけなければなりませんでした。彼は鯨油の油皿に火をともして、机の前に座って仕事を始めました。腕には袖カバーをはめて、一日中背筋を伸ばした姿勢で机の前に座って、会計帳簿を熱心に記録しました。

社長と同僚たちは、ロックフェラーの誠実で献身的な姿を見て驚いていました。彼は毎朝六時三十分に出勤して、夜十時過ぎに家に帰りました。

しかし彼の給料は、彼が働いた時間に比べるとあまりにも少ない金額でした。社長は、彼が勤めてから三カ月が過ぎて新年を迎えた時に、やっと月五十ドルに昇給させました。それまでは一カ月に二十ドルにもならない、一般労働者の水準にも至らないほどの少ない金額で働いていたのです。

仕事を始める前に、給料に関して決めなかったことが間違いでした。ロックフェラーは詐欺に遭った気持ちでしたが、仕事を学べることに大きな幸せを感じていました。ですから何の不満も言わず、時々夜を明かしながら、さらに仕事に専念しました。

彼は毎晩家に帰った後、一日を振り返りながら、自分自身を訓戒することを忘れませんでした。

「今の世の中は、刻一刻と変化している。不満を持つよりは、チャンスを良くつかむことだ。焦らずに待ち望むなら、必ず私がやるべき大きな働きをする時が来るはずだ」

一八五八年になると、ヒューイット・アンド・タトル社は、穀物から大理石までほとんどの商品を扱いながら、全国的にネットワークを構築するほどに成長しました。ロックフェラーの給料も、年収六百ドルにまで上がりました。

ロックフェラーは、配達された物品を確認し、計算書を整理する仕事から、代金の支払いと未収金の整理まで、会社の会計帳簿のすべてを引き受けて処理しました。ですから、会社全体の動きについて、だれよりも詳しく把握していたのです。彼は成長していく会社の業務システムを学べる仕事を、非常に楽しく思っていました。

給料が少なかったので、計算書や送り状を操作してもうけたりする者もいました。しかしロックフェラーは、全くそんなことにはかかわることなく、忠実な姿勢を貫きながら、ただ仕事にだけ専念していたのでした。

彼は物静かでありながらも、あきらめない性格を惜しみなく発揮し、債務者と会えば身動きもできないようにさせ、大概一時間以内には借金を返してもらいました。

「このようにしつこく、抜け目のない人は初めて見たよ！」

多くの債務者は首を振りながら、両手を上げてしまうのでした。

またわたしは、あなたがたがわたしの名によって求めることは何でも、それをしましょう。父が子によって栄光をお受けになるためです。あなたがたが、わたしの名によって何かをわたしに求めるなら、わたしはそれをしましょう。

ヨハネの福音書一四章一三～一四節

7 会計帳簿A

成功するために必要なことは計算された冒険である。
――ルビン（Theodore Isaac Rubin）

日記のような会計帳簿

ロックフェラーは、子どもの時から日記をつける代わりに、自分だけの金銭出納帳である会計帳簿を記録する習慣を持っていました。この会計帳簿は、ロックフェラーのきちょうめんな性格をよく表しています。

彼は毎日の収入と支出、貯金と投資金、そして事業と慈善金の内訳を一つも抜けることなく記入していきました。毎日夜になると、その帳簿を記録しながら自分の一日の日課を几帳面に回想しながら、次の日の収入と支出を計算していきました。言わば、帳簿に書かれた数字が、彼には一日一日の記録であり、反省になったということです。ヒューイット・アンド・タトル社の経理として入社した後、彼はさらに徹底的に会計帳簿を記録し、当時彼が記録した帳簿を、人々は「会計帳簿A」と呼んでいました。

彼は、社会に出て仕事を始めて以来、一日も欠かさず帳簿を付けました。この帳簿は、今もロックフェラー家の文書保管庫にそのまま保存されています。彼は、初めての給料をもらう前から教会の慈善事業のために相当の献金をしていましたし、家族を助けるために、自分の収入の中から多くのお金を投資したこともよく知られています。

ロックフェラーは、教会の貧しい信徒たちと貧しい子どもたちの学費のために多くの献金をささげました。また弟たちにも贈り物を贈り、お金も多く貸してあげました。また彼は、天に召された母方の祖父が母に残してくれた遺産を管理していましたし、田舎に戻ることをあきらめた父が市内に建てた家を直接監督したこともあります。しかし特に不思議なことは、その家が完成した後に、父はその家の家賃を自分の息子であるロックフェラーからもらっていたということです。

ロックフェラーは、教会に献金をささげることと家族を助けること、そしてたまに洋服を買うのに使うお金以外は、特に個人的な支出はありませんでした。彼の帳簿を見ると、どれほど彼が徹底的に節約しながら生活していたのかをよく知ることができます。帳簿に細かく書かれている数字などを通して、ロックフェラーは自分の人生をそのまま表すことになりました。

彼は、帳簿に増えていく自分の財産を見ながら、常にお金持ちになる夢を描いていました。彼は自分の帳簿に収入が増えた理由をこのように説明しています。

「私の収入が増えたのは、神様は私がお金を稼いだら神様の喜ばれる働きを成すことをご存じでしたので、より多くの祝福を与えてくださったからです」

しかし、会社に行って初めて仕事をした頃、とても少ない給料なのに、自分がとても熱心に仕事をしたことに対するむなしさを、帳簿の隅っこに残したりしました。

「今日からは、必ず夜の十時前には家に帰る」

しかし彼はすぐ、このような誓いをしたことを恥ずかしく思い、もう一度このように書き直しました。

「これからは、ぜったいこのような誓いはしてはならない」

ロックフェラーは、世界一の富豪になった後にも金銭出納帳をまじめに細かく記録し続けました。ですから、自分の一ペニーがどんな用途で使われるかを正確に知っていたのです。

会計帳簿Aに記録されているもの

会計帳簿Aには、ロックフェラーの個人史がそのまま記録されています。彼は、四ドルの週給のうち十パーセントを教会に献金し、父に家賃として毎週一ドルを支払いました。それ以外の少額寄付の集まりに七十五セントを献金し、エリー・ストリート・バプテスト教会の日曜学校に五セント、貧民の救済活動に十セント、海外宣教活動へ十セント献金しました。また、自分自身の日用生活のためにリンゴ三セント、シャツ十三セント、ランプ油一ガロンに八十八セントを使いました。

後にロックフェラーは、自分の婚約者に会って使った費用も徹底的に記録しました。

その頃彼は、会計帳簿Aのノートが終わって、会計帳簿Bに入りました。ここで少しばかり違うことがあるとしたら、セント単位まで、細かく記録していく代わりに金額の単位がドルに変わったという点です。彼は、婚約者と付き合いながら使った費用を「雑費」の項目で記載しておきました。すべてのことにおいて徹底的であり、正確なことを好んでいた彼の性格が、ここでそのまま現れています。

何週間も、花束の購入に五十セントずつ支払っていますし、婚約者及び彼女のお手伝いさんとともにロッキーの川まで週末のドライブをするために高級馬車を借りたお金が一ドル七十五セント、結婚指輪の価格が十五ドル七十五セントでした。

一八六四年九月八日、彼は次のような状況を帳簿に日記のように書いています。

「午後二時定刻にL. C. スペルマン（Spelman）さんと結婚、司式はワルコト牧師、補助はペイージ牧師。式は彼女の両親の家で行う」

正義によって得たわずかなものは、不正によって得た多くの収穫にまさる。

箴言一六章八節

8 事業を始める

富とは神様からいただいたもので、一番心を満たしてくれる私の愛する子どもたちのようです。

――ロックフェラー

意気投合

一八五八年、ロックフェラーが勤め始めてから三年目、彼は会社から六百ドルの年収を得ていました。彼は、会社にとって自分の価値がどのくらいかをよく知っていたので、年収を八百ドルに上げてくれるように要求しました。しかし、けちな社長は理解を示さなかったため、彼は他の職場を探す方がよいと思うようになりました。

ちょうどその頃、他の委託販売の会社で経理として働いていたモーリス・クラーク

(Maurice Clark) が「一緒に事業を始めないか」と提案してきました。イギリス出身のクラークは、ロックフェラーより十二歳も年上で、酒とタバコを好み、悪口雑言を常に言っている体の大きな男でした。一見合わないように思われるロックフェラーとクラークは直ちに意気投合して、委託販売会社を新しくつくることに合意しました。

しかし、問題はお金でした。クラークは、二人が二千ドルずつ出資して会社をつくることを提案しましたが、ロックフェラーはわずか八百ドルしか持っていなかったのです。その当時、彼は副業として豚肉、小麦粉、ハムなどの卸売りをしてお金を蓄えていましたが、残りのお金を集めるには多くの時間がかかると思い、結局、足りない分を父に借りることにしました。一時期無一文になっていた父は、ゴールドラッシュの最後の歯車にまともに乗ることができ、ある程度余力ができたようで、子どもたちが一定の年になったら、財産を分配してくれると話していたからです。

父にお金を借りる

ロックフェラーは、その言葉を信じて父を訪ねました。父は直ちにお金を貸してあげようと言いましたが、その時に出された条件が問題でした。父の条件は、借りたお金をロックフェラーが二十一歳になる一年六カ月後に元金と共に十パーセントの利子を加えて返さなければならないとのことでした。十パーセントの利子というのは非常に高い金額で、事業を始める人にとって法外な高金利でした。しかしロックフェラーは、そのまま父の提案に同意しました。

息子が同意すると、父はこの契約にとても満足しました。彼は昔から、息子たちが苦しむことによって真の成長をすることができるという持論を持っていたからです。父は、よくこのように言ったりしました。

「私はチャンスがあるたびに、息子たちを困らせたりするんだ。苦しくさせると、息子たちはそれを機会にもっと大きく成長するからね」

しかし父は、ちょっと変わったやり方で息子をテストするのでした。息子がお金に困っている時にわざわざ現れて、元金を返してほしいと要求します。息子は急いでお金を集めなければならなかったので、大変な思いをしましたが、そのつどお金を返しました。どのような場合にも、商人はお金に対する責任を負わなければならないという、根本精神は徹底的なものだったからです。もちろんその時も、利子はいつも十パーセントでした。

会社を大きく成長させて自立するまで、父は何回もそのような形でロックフェラーを苦しめましたが、彼は一回も不平を言わずに自分の義務を果たしました。その時の気持ちをロックフェラーは、自叙伝にこのように書いています。

「その程度の軽い訓練は、私が財政の力を身に付けるための良い薬になると思いました。また、実際に効果がありました。しかし、父が私にそのような形でテストするのは、正直言ってうれしくはありませんでした」

初めての事業を成功させる

一八五九年三月、ロックフェラーは波止場のそばにあるみすぼらしい倉庫に「クラーク・アンド・ロックフェラー社」という看板を掲げて会社を始めました。彼は、自分が資本金四千ドルにもなる会社の共同経営者になったことを、信じられないほどうれしく思いました。

彼は内心自信で満ちていましたが、やっと二十歳になったばかりのこの青年は、謙遜な心が与えられますようにと神様に祈っていました。

「自分自身をよく吟味し、気を付けて歩まなければ失敗で終わります。ですから、いつも謙遜でいられるように助けてください」

そのように祈りながら、次のみことばを心に深く刻み込みました。

人は心に自分の道を思い巡らす。しかし、その人の歩みを確かなものにするのは主である。（箴言一六章九節）

クラーク・アンド・ロックフェラー社は、肉類、穀物、魚類、石膏、大理石などクリーブランドで流通しているすべての品物を扱いました。ミシガン州では小麦、オハイオ州では豆、イリノイ州では塩と豚を売買しました。

ロックフェラーは事務室で働くのではなく、オハイオとインディアナの農場を歩き回りながら、直接取り引きする作物を選び、農夫たちとの親密感を深めていきました。ロックフェラーはすべてのことにおいて慎重に行動する方でしたが、投資をする時には無謀に思えるほどの大胆さを示す時もありました。

事業を始めた頃のクラーク・アンド・ロックフェラー社は、会社の資金をすべて投資して、船一艘分の穀物を買い入れました。ところがちょうどその頃に、猛烈な台風が襲ってきたのです。ロックフェラーは二日間、気が気でなかったので、家にも帰らず、船が無事に入港するのを待っていました。幸いに台風がやんだので、船は遅れましたが無事に入って来て、荷役の作業をすることができました。無事に荷役の作業が終わると、緊張が解かれてひどく疲れましたが、ロックフェラーは、家族には何も言いませんでした。

クラーク・アンド・ロックフェラー社は、事業を始めた年に四千四百ドル、次の年には一万七千ドルの黒字を記録しながら急成長していきました。さらに一八六一年四月に始まった南北戦争は、彼らの事業を飛躍させてくれました。いつもそうであるように、戦争は人々に苦しみと死をもたらしますが、事業を営む人々にはお金を稼ぐ絶好のチャンスになることもあるのです。

南北戦争も例外ではなく、ＪＰモルガンやベンドビルトのような大資本家を生み出し、アメリカの社会に財閥という新しい富豪を誕生させました。戦争は、クラーク・アンド・ロックフェラー社にも新しい躍進のチャンスを与えてくれました。戦争が激しくなればなるほど、軍需物資の注文も殺到しましたし、商品価格もますます高くなっていったのです。

ロックフェラーは、自分の緻密な性格を最大限に発揮して、商品の購入と販売など、営業において優れた才能を現しながら、大きな成功を成し遂げました。このように驚くべき営業実績を上げるに従って、クラーク・アンド・ロックフェラー社は、クリーブランドで最も信頼される会社の一つとして成長しました。

ロックフェラーが事業を拡大するために銀行に行って借り入れの申し込みをすると、銀行では喜んでお金を貸してくれました。ロックフェラーは、この世を全部手に入れたような気持ちだったその当時の思いを、このように表現しました。

「本当にその時は、どれほどうれしかったかしれません。まるで私が、非常に重要な人物にでもなったような気持ちでした」

あなたがたの心が、放蕩や深酒やこの世の煩いのために沈み込んでいるところに、その日がわなのように、突然あなたがたに臨むことのないように、よく気をつけていなさい。その日は、全地の表に住むすべての人に臨むからです。しかし、あなたがたは、やがて起ころうとしているこれらすべてのことからのがれ、人の子の前に立つことができるように、いつも油断せずに祈っていなさい。

ルカの福音書二一章三四～三六節

9 十九歳の執事

自分が稼げることができるお金を最大限に稼ぎ、貯金ができるなら最大限に貯金し、また最大限に分け与えることのできる人は、さらに多くの物を恵みのうちで稼ぐことができます。

――ジョン・ウェスレー（John Wesley, 一七〇三～一七九一）

執事ロックフェラー

ロックフェラーは十九歳で、エリー・ストリート・バプテスト教会の執事になりました。彼はただ礼拝に参加していただけではなく、熱心に教会の働きを手伝いました。高校生の時から始めた日曜学校の先生を続けながら、運営委員の働きと教会運営の日誌を記録する書記の働きも任されました。

クラーク・アンド・ロックフェラー社を始めた後にも、彼は会社の仕事がない時には、必ず教会の働きを手伝いました。教会の活動は、彼にとって会社で働く以外の唯一の社会活動であり、余暇活動でした。彼は、新しく組織されたＹＭＣＡの仕事もしましたが、主に教会の事務を見ながら、教会の財政の管理など行政的な働きにも深くかかわっていました。

エリー・ストリート・バプテスト教会は、開拓して間もない教会でしたので、非常に多くの借金を抱えていました。ある日曜日、牧師はメッセージの後、信徒たちに、教会が二千ドルの借入金を返すことができないので、教会堂が差し押えられる危機に置かれていると発表しました。

信徒たちが驚いて、ざわめきながら教会から帰ろうとする時に、ロックフェラーは入り口の所に立って、信徒たちに「みんな一緒にこの借金を返しましょう」と訴えました。何週間もかけて信徒たちを説得し続けた結果、ロックフェラーはついに二千ドルを集めることに成功したのです。

このことは、事業家であるロックフェラーの性格をよく現している一例です。すなわち、彼はいったんあるビジネスに目標を定めたなら、揺れることなく確実に追求する力強い推進力の持ち主でした。

ロックフェラーは、後に当時のことをこのように回想しました。

「私は、その計画に完全に没頭しました。私は、私にできるすべてのことをしました。その働き及びそれに似た働きにかかわりながら、このような方法で事業を進めるならお金を稼ぐことができると考えました。お金を稼ぎたいという野望も生まれました」

信仰生活も事業と同じほど熱心であった彼は、教会の財政もこの世のビジネスのようにしっかり処理していかなければならないと信じていました。ですから、彼の事業が繁栄するにつれて、それは教会の主な資金源となっていくのでした。

その時から、彼は年齢が若いにもかかわらず、牧師の次に教会で大切な人物として認められるようになりました。エリー・ストリート・バプテスト教会のある女性執事は、当時のロックフェラーについて次のような記録を残しています。

日曜日には、いつも私たちは彼を見ることができました。一人で教会の庭の掃除をしたり、暖炉に火を起こし、電気を付け、通路を掃除していました。そして、信徒たちを空いた席に案内する働き、聖書の学びや祈り、そして賛美する働きなど、献身的で誠実なクリスチャンならするこれらすべての働きを、彼は行っていました。…彼はただの書記に過ぎず、お金もなかったのですが、この古い小さな教会のすべての部署の働きに参加し、献金をしました。それも非常に正確だったのです。十五セント献金すると言ったなら、正確に十五セントを献金しました。…彼は規則正しく熱心に聖書を学んでいましたので、聖書の中に何が書かれているのかをよく知っていました。

霊的な複式簿記

年を経るたびに、ロックフェラーの献金額は大いに増えていきました。彼が運営している会社が、驚くほど大きく成長していたからです。彼は自分が稼いだお金を正確に計算して十分の一献金をささげましたし、それが相当の金額であったので、教会財政の安定に大きな力となりました。

ロックフェラーは週給四ドルで経理の仕事を始めた時から、慈善団体にも絶えず寄付していました。彼の収入が増えるとともに、寄付金も比例して増えていきました。彼は一八八二年だけで、全部で六万五千ドルを寄付し、それから十年後には百五十万ドルという驚くべき金額を寄付しています。

ロックフェラーは教会に献金をささげたり、他人を助けることは、キリスト者の義務であり、報いや名誉を求めずに行うべきだと考えていました。彼は、神様が自分に与えてくださったお金を決して独り占めするようなことはしませんでした。その頃から、彼は自分が莫大な財産を受ける器として選ばれたのではないかと考えるようになりました。

一九〇五年のある報道インタビューの中で、ロックフェラーは、記者にこのように言いました。

「神様が、私にお金を稼ぐようにしてくださいました。私がお金を稼ぐことができたのは、神様の守りがあったからこそでした。私は神様のみこころに従って、そのお金を用いるつもりです。神様は、私がお金を稼ぐなら、すぐにそれを他の人と分かち合うことを知っておられたので、私を神様の道具として用いてくださったのです」

この言葉は、聖書で語られている「タラントを任されたしもべ」が背景にあります。すなわち、お金持ちは神様の道具にすぎず、主の財産を良い働きに用いるために、少しの間、任されている者であるということです。

ロックフェラーがインタビューを受けたのは七十代後半の時でしたが、それは、たまたまお金を多く稼いだ老人が自分を美化するために語った言葉ではありません。彼はもうすでに十代の時に、慈善事業に寄付することによって、この上ない確かな喜びを受けていた人でした。また、幼い時から母親から受けてきた徹底した教育によって、稼ぐことと使うことには深い霊的関係があることを知っていた人でもありました。

「私の人生の財政計画（もし、そのように呼ぶことができたらの話ですが）がいつ形成されたのかを、私は確実に覚えています。それは、オハイオ州にいる時のことでした。私たちの教会の牧師は、このように言いました。『お金を稼ぎなさい！　正直に稼いで、知恵深く分け与えなさい！』私は、このメッセージを私の小さな手帳に記入しました」

　このようにロックフェラーは、霊的な複式簿記に従って働きましたし、このような慈善事業は、彼の財産の純粋性に対して論争の余地を残しませんでした。初めから慈善事業を明示したことは、彼が富を追い求めることにおいて、ほかに例のない、常識にとらわれない情熱を正しいものと人々に認めさせました。

　晩年ロックフェラーは、このように回想しました。

「私は子どもの頃、教会でのすべての働きにどれほど感謝していたかしれません。教会、日曜学校、良い人々と共に過ごしたことなど、私がそのような環境の中に置かれていたことに対して、今も神様に深く感謝しています」

私はこう考えます。少しだけ蒔く者は、少しだけ刈り取り、豊かに蒔く者は、豊かに刈り取ります。ひとりひとり、いやいやながらでなく、強いられてでもなく、心で決めたとおりにしなさい。神は喜んで与える人を愛してくださいます。

コリント人への手紙第二　九章六～七節

10 神様から頂いた賜物

人生は根本的に信仰と忍耐で成り立っています。この二つを見逃さない人は、素晴らしい目標に到達することができるでしょう。

――クラウド・ポル・タピネル（一八四四～一九〇八）

賜物の中の賜物

「お金を稼ぐ才能は、神様が私に与えてくださった賜物の中の賜物なのです。このような賜物をいただいた私は、悔いが残らないほど多くのお金を稼ぐことができました。これからは自分の良心に従って、人々の助けになるようにこのお金を用いるつもりです。それが、神様が私に与えてくださった使命であると信じているからです」

この言葉は、ロックフェラーが世界で類を見ない慈善団体であるロックフェラー財団を設立した後に語った言葉です。これは彼の幼い時からの悟りであり、また生涯事業家として持っていた義務であり、誇りでもありました。

早くから自分にはお金を稼ぐ才能があることを悟っていたロックフェラーは、それを「神様から頂いた賜物」であると考えたので、一生を楽しく、熱心にお金を稼ぐことに全力を尽くしました。彼は物静かで、落ち着いていて、いつも考え込んでいる様子で、言葉数も少なく、忍耐深い人でした。自分が正しいと信じていることには、非常に積極的である反面、自分の考えや目標を簡単には明かさない思慮深さを持っていました。また、お金の問題に対しては非常に冷徹な人でした。

彼は自分自身を最高の武器として用いることができる、強力な力を持っていました。その結果、神様が与えてくださった賜物である自分の能力をうまく活用し、世界一の富豪になることができたのです。

しかしここで重要なことは、そのようなロックフェラーが子どもの時に七面鳥を追いかけながら稼いだ三ドル五十セントのお金を通じて、生まれながらの才能をもうすでに知っていたという点、この才能は母親の緻密で意味深い教えによって知ることができたという点です。

二番目の贈り物

「莫大な量の石油は、確かに神様から与えてくださった贈り物です」

これは、ロックフェラーが石油事業で成功を遂げたときの言葉です。実に、石油は彼に与えられた神様からの二番目の贈り物でした。ロックフェラーが、クラーク・アンド・ロックフェラー社を始めた後にアメリカでは南北戦争が起こり、アメリカ大陸全体が甚だしい試練を経験しました。しかしその未曽有の混乱の中でも、アメリカ社会は独占財閥を誕生させる資本主義の確固たる実験場になったのです。

そして間もなくアメリカ社会には、ゴールドラッシュに引き続きオイルラッシュ(oil rush)という強力な地殻変動が起きました。初めはささいに見えたオイルラッシュは、徐々にゴールドラッシュの水準を越えてアメリカ経済と社会を新しい姿に変化させていきました。

油田を最初に見つけた人は、ペンシルベニア州タイタスビルのエドウィン・ドレイク（Edwin Drake）という人で一八五九年のことでした。石油の発見は南北戦争と同じくらい、アメリカ社会に大きな影響を与えました。

その時まで、アメリカの大方の家庭が鯨油でランプの火を灯していましたが、石油が鯨油の代わりになり始め、徐々に産業の現場でも石油が使われ始めました。

ドレイクが住んでいたタイタスビルは、人口が増え、あちこちで数多くの油田地帯が発見されて、賑わう都市へと変わっていきました。ドレイクが石油試錐《しすい》（採油のために、地盤に穴を開けること）に成功してから一年後には、アメリカで五十カ所以上の油田が発見され、さらに一年後には油田が百カ所を越えていました。

新しく発見された油田地域には四方から煙が立ち上り、人々が蜂の群れのように集まり、酒場や娼婦街もでき、聖書のソドムとゴモラをほうふつとさせていました。

ちょうどその頃に施行された「原油試錐に関する法令」は、原油産業を加速化させる導火線になりました。この法令によって、誰でも油田を試錐して原油を採取することができるようになったのです。

油田地帯の地価は、日に日に値上がりしていきました。例えば、二万五千ドルで売られた土地が、三カ月後には百五十万ドルに値上がりして売られました。ロックフェラーは、そういう社会現象を冷静な判断で見守っていました。

南北戦争が終わると、石油の需要が急激に増えました。ピッツバーグ、フィラデルフィア、ボストン、ニューヨーク、クリーブランドなど、あちこちで数え切れないほどの多くの製油会社が誕生したのです。そういう活況を喜んでいた製油会社の中には、クラーク・アンド・ロックフェラー社と、ちょうど一ブロックしか離れていない所に建てられた会社もありました。

しかし、彼らを見つめるロックフェラーの視線は意外に落ち着いていました。大方の人々、特に彼の会社の職員たちが石油に投資しなければならないと主張している時にも、ロックフェラーは全く動こうとはしませんでした。

彼は「本当のお金」は石油を生産する人ではなく、運送と製油を担当する中間商人たちが占めているという事実を見抜いていたからです。そのような判断の下で、ロックフェラーはクラーク・アンド・ロックフェラー社の本業であった肉類と穀物類の委託販売業を進めていきました。

しかし、時代の流れには逆らえませんでした。この頃の石油は、アメリカの貿易の主流を成していた綿花の代わりに、最高の取引商品になっていました。タイタスビルで油田が発見されてから四年が過ぎた時、クリーブランドに画期的なことが起こりました。それは、クリーブランドからニューヨーク、そして油田地帯の中心地へと直接につながる鉄道が造られたことです。

ロックフェラーは、今が絶好のチャンスだと思いました。彼は、予測不可能で失敗する確率も高い油田開発よりは、製油業の方がもっと将来性があると判断しました。クリーブランドだけで、もうすでに二十カ所の製油所があり、ここで精製された石油は、鉄道を介して田舎や大型の市場で販売されていました。アメリカ社会は、石油がなければ動くこともできないほどに変えられていきました。

ロックフェラーのパートナーであるクラークと、サムエル・アンドリュース(Samuel Andrews)は、共に八千ドルを投資して製油会社を設立しました。彼らが設立した製油工場には、数台の蒸留器と溶炉だけしかなく、技術力も弱かったのですが、すぐそこに鉄道が通るという利点がありました。

新たに加わったアンドリュースは、化学を独学で学んだ人で、石油に関しては独創的な知識を持っている専門家でした。彼は、石油をろ過し、沸かしてから濃縮し、水と水酸化ナトリウム、硫酸を使って精製し、灯油を分離させる製油システムを開発しました。

ロックフェラーは、クラークからアンドリュースを紹介されましたが、すでに二人は、エリー・ストリート・バプテスト教会の教会員として知り合いでした。アンドリュースとの話し合いから、ロックフェラーは石油事業の重要性に対して、新たに認識し始めるようになり、彼の関心は委託販売業から石油事業へと移っていきました。

ロックフェラーは製油会社を開業すると、いつもそうであったように、その働きに全力を注ぎました。ロックフェラーのそのような努力を通して、配管工、製缶業者などの専門的人材が必要であるとわかり、広範囲にわたって適任者を捜し求め、採用することができました。彼は、自分自身が直接選んだ職員たちとともに、石油のかすを取り除いたドラム缶を汽車に積み込みました。

ロックフェラーは、石油を入れるドラム缶を作るために柏の森を買いました。彼が柏の森を買ったのは、丈夫で堅固なドラム缶を製造するためでした。彼は石油ドラム缶の自社製作によって、ドラム缶一個で二ドル五十セント掛かった費用を九十六セントに減らすことができました。これは、物事の核心に直ちに入って行くロックフェラーの事業的な感覚と、鋭い目線を実感させられる出来事でした。

それ以降ロックフェラーは、昼夜問わずにひたすら石油のことだけを考え、石油に没頭しました。彼は同僚たちと朝の食事をしてから、工場まで一緒に歩いて行く間も石油について話し合いました。仕事が終わって家に帰ると、長靴が油だらけでした。

ロックフェラーは、ベッドでぐっすり寝ている弟のウィリアムを起こしては事業の話をしようとするので、ウィリアムは「頼むから、寝るのを邪魔しないでくれ」と、つぶやいたそうです。

実に神はすべての人間に富と財宝を与え、これを楽しむことを許し、自分の受ける分を受け、自分の労苦を喜ぶようにされた。これこそが神の賜物である。

伝道者の書五章一九節

成功した事業家たちの10の特性

下記は2003年、ドイツの日刊紙「チャイト（Die Zeit)」が選んだ、成功した事業家たちの10の特性について述べています。現代の私たちも、一度は目を通さなければならない項目であると思います。

1. 他の人と考え方が違う。
2. 絶えず、新しいものを取り入れる。
3. 世の流れをよく見通す。
4. 信念と意志が強い。
5. 成功のためにルールまで変える。
6. チャンスを見逃さない。
7. 経営理念が明確でありながら、健全である。
8. 徹底した節約家である。
9. 無慈悲なほど冷静で厳しい。
10. 自分の事業を楽しむ。

11 家庭が与えられる

空の星たちは、いつも私の思いを神様へと導いてくれる。星を見上げると、私は神様に感謝せずにはいられなくなる。しかし人間の理性は、神様の愛を証してくれるこのようなものを否認したがるようだ。それでも、人間の心はこのような証しを否認することはできない。霊的な問題においては、心の方がもっと優れた案内者であると思う。

——アーチボルド・ロートリッジ『一輪の花のために』から

婚約

一八六四年三月、ロックフェラーはローラ・スペルマンと婚約式を行いました。ロックフェラーは二十五歳という若さでクリーブランドの有力な事業家の道を走っていましたし、高校時代から知り合いだったローラとは、もうすでに結婚の話が出ていました。

ローラは高校を卒業した後、マサチューセッツ州のウォルセスターにあるオードリー短期大学を卒業し、クリーブランドの学校で子どもたちを教えていました。二人は絶えず手紙を通じて連絡し合っていましたが、その頃、ロックフェラーに送られたローラの手紙にはこのように書かれています。

急いで結婚する理由は全くありませんが、どんなに忙しくても、私たちの結婚のことだけは忘れないように願っています。

彼女がクリーブランドに戻って来てから、二人は教会でよく会うようになりました。ですから、ロックフェラーが二千ドルの募金を集める時にも、ローラの言葉を引用してこのように言ったりもしました。

「私たちの教会は、自らがカヌーを漕ぐ能力を持っています」

ローラの家は、政治や宗教においてしっかりした家柄でした。なおかつローラは若くて美しい女性でした。ロックフェラーは事業が軌道に乗り始めた頃ローラに結婚を申し込んだので、彼女の両親は喜んで二人の結婚を受け入れてくれました。ローラは黒人の人権と福祉の向上に対して、情熱を燃やしました。

その点については、ロックフェラーも同じでした。ロックフェラーは、南北戦争が起きると、奴隷二人を買って自由人として解放させたこともありますし、セントラル高校に通っていた時にこのような文章を書いたこともあります。

「奴隷制度は国の法律に反するだけでなく、兄弟を奴隷にしてはならないという、神様の律法にも反しているのである」

ですから、二人は多くの点で共通の関心を持つことができ、奴隷制の廃止を支持する集まりに、積極的に参加したりもしました。ロックフェラーは、奴隷制を制限し、企業の発展を擁護《ようご》する新しい政党である共和党に加入し、一生を党員として勤めました。また、彼の生涯の初めの大統領選挙では、エイブラハム・リンカーンに投票しました。

そしてロックフェラーは、ローラの学生の一人であったジョン・グリンにヨーロッパ旅行の資金を出してあげましたが、黒人奴隷であった彼は、後にオハイオ州で最初の黒人の上院議員になったのでした。

結婚

一八六四年九月八日、二人はローラの家で結婚式を挙げました。結婚式は、牧師と両家の家族たち、そして会社の職員何人かを招待し、簡単に行われました。

二人は、ナイアガラの滝とケベック、そしてニューヨークなどを一カ月間もかけて新婚旅行として周りました。この新婚旅行がよほど楽しかったのか、ロックフェラーはいつも少ない金額までも細かく記入するのに、普段とは違って帳簿に「新婚旅行四百九十ドル」と、適当に記入されています。

新婚旅行から帰って来た二人は、まずエリー・ストリート・バプテスト教会に行って礼拝をささげました。そして、次の日ロックフェラーは今まで通りに出勤し、その次の日にはシカゴに出張しました。
それ以後、ロックフェラーは数多くの出張をしましたが、そのたびに冷徹な事業家の顔とは違う、温かく愛情深い手紙を毎日のように妻に送りました。

あなたのように素晴らしい妻が与えられているのは、私にとってどれほど大きな祝福なのかしれません。今夜、あなたのそばに飛んで行ける翼があるのなら……。先日の夢の中でセレスティア・スペルマンというお嬢さんに出会ったのですが、眠りから覚めてみると、そのお嬢さんはほかでもない私が愛している妻、ローラあなたでしたよ。

ロックフェラーは普段は無口な人でしたが、ローラとは事業に関して詳しく話し合いました。妻は、妻なりに最良の配偶者になるために全力を尽くしました。彼女は、お金を稼ぐことのみに向けている夫の関心を芸術と文化、社交にまで広めました。
ローラの趣向は、後日ロックフェラー一族の一軸を成すようになります。ロックフエラーは、妻のおかげで自分の人生が豊かになっていくのを喜んでいました。ローラは、敬虔で誠実な教育を通じて、息子のロックフェラー二世を、ロックフェラーの家系に恥ずかしくない後継者として育てたのでした。

妻の才能を高く評価していたロックフェラーは、後にこのように言いました。

「妻は、いつも私より判断力が優れていました。もし、彼女の賢明なアドバイスがなかったのなら、私はこんなにお金を稼ぐことができなかったと思います」

またわたしは、あなたがたがわたしの名によって求めることは何でも、それをしましょう。父が子によって栄光をお受けになるためです。あなたがたが、わたしの名によって何かをわたしに求めるなら、わたしはそれをしましょう。

ヨハネの福音書一四章一三〜一四節

12

王の前に立つ

成功の秘訣は不変の目的にあります。一つの目標を持ってたゆまず進んで行くなら成功できるのです。しかし、人々が成功できないのは、初めから最後まで一つの道だけを歩んで行かなかったからです。最善を尽くして進んで行くなら道は開かれ、すべてを克服することができるのです。

——ベンジャミン・ディズレーリ（Benjamin Disraeli, 一八〇四～一八八一）

生涯で一番重要な日

一八六五年初め、うまくいっていた会社が不和によって分裂する危機に陥ります。クラークは会社の負債が十万ドルにもなると不満を言うようになり、ロックフェラーもロックフェラーなりに、事業をよく理解していないクラークに不信感を抱くようになりました。初めはロックフェラーも石油事業に消極的だったのですが、後で石油事業に対する将来的な確信を持つようになったので、事業の拡大に対して不服なクラークにますます耐えられなくなっていきました。

会社の負債は、十万ドルに至っていましたが、ロックフェラーは新しい市場を先に獲得するためには、続けて攻撃的な姿勢で事業を展開していく必要があると判断していました。しかしクラークには、そのことが無駄な投資のように思えたのです。

共同経営者の間の意見の対立は、会社を続けて運営していくのを難しくさせました。二人は、会社を競売にかけて、高い値段で買う方に売却するのが最善であるとの合意に達しました。もちろん、石油の専門家であるアンドリュースは、ロックフェラーの側に立ちました。

会社の競売は、一八六五年二月二日に開かれました。入札はクラークが五百ドルからスタートしました。するとロックフェラーがすぐ一千ドルと叫びました。価格は、四万、五万、六万ドルへと続けて上がっていきました。価格が七万ドルを越えると、競売場は緊張感と共に沈黙が流れました。

「七万二千ドル」

絶望的な声で、クラークが叫びました。

「七万二千五百ドル」

ロックフェラーは、ためらわずに答えました。結局、クラークはお手上げです。

「私は、これ以上はだめだよ！　この会社は、あなたのものだ」

後にロックフェラーはその日の出来事を回想しながら、友人にこのように言いました。

「その日は、私の生涯で最も重要な日だったね。私の生涯の事業が決定された日であったから。その時、私はそれがどれほど大事なことであるのかを知っていたんだ。しかし、私は落ち着いていた。今、このようにあなたに語っているように…」

ロックフェラーはその時、もうすでに石油事業の将来に対して絶対的な確信を持っていたので、そのような大胆さと落ち着いた姿勢を貫くことができました。ですから彼は、結果として会社は自分のものになると予想していたのでした。

ロックフェラーは、クラークが十万ドルと言ったなら、十一万ドルと叫ぶ自信がありました。二十六歳の彼は、クリーブランドの金融界に認められる人物になっていましたし、もうすでに会社の購入金額を用意していたのでした。

その日以後「ロックフェラー・アンド・アンドリュース社」と、社名が変えられました。ロックフェラーは油田地域とクリーブランド市内の二カ所に事務所を開きました。彼は、推進力に優れた自分の弟ウィリアムを会社の社長とし、第二の製油所を設立しました。そこから、第三、第四、第五の製油所が設立されていきました。

ロックフェラーは、ウィリアムをニューヨークに送って、マンハッタンにも事務所を設立させました。それは、石油を外国に輸出するための布石でした。もうすでに、ロックフェラー・アンド・アンドリュース社は、クリーブランド最大の製油会社になっていましたし、二位の会社に比べて二倍の一日五百バレルの製油能力を持っていました。

ウィリアムの活躍によって、ロックフェラー・アンド・アンドリュース社は、石油売り上げの三分の二を輸出から上げるようになりましたし、年間収入は百万ドルを超えていました。そして、その次の年には二百万ドルを超えたのでした。

ロックフェラーは、自分が正しかったことを知っていましたし、石油事業に自分の将来のすべてをかけていました。彼にとって仕事とは、ほとんど宗教的な神聖さまでも帯びていたのです。彼の事業を宗教であると言う人もいましたが、エリー・ストリート・バプテスト教会で日曜学校の教師をしていた時、彼が一番好きだった聖書箇所は次のみことばでした。

じょうずな仕事をする人を見たことがあるか。その人は王の前には立つが、身分の卑しい人の前には立たない。

箴言二二章二九節

あなたがたの会った試練はみな人の知らないものではありません。神は真実な方ですから、あなたがたを耐えられないほどの試練に会わせることはなさいません。むしろ、耐えられるように、試練とともに、脱出の道も備えてくださいます。

コリント人への手紙第一 一〇章一三節

13 五番目の子ども

幸せな家族の共通点は、お互いによく似ている所です。しかし、不幸な家族は、それぞれが独特な方法で不幸なのです。

——トルストイ（Lev Nikolavich Tolstoi, 一八二八～一九一〇）

ロックフェラー二世の誕生

ロックフェラー夫婦には、結婚の二年後に長女のベシーが生まれました。そして三年後に次女のエリスが生まれましたが、病のゆえに一歳の誕生日を過ぎて間もなく、天に召されてしまいました。ロックフェラー夫婦には、その後にも二人の娘、アルタとエディスが生まれました。

結婚してから十年が近づいても息子が生まれないので、ロックフェラーの妻は大いに心配していました。しかしロックフェラーは、妻に息子が生まれないことに対して何の不満も言いませんでした。彼は、むしろ妻を慰めて言いました。

「息子が与えられないからといって心配はいらないよ。年取ってからでも息子が生まれたら幸せだろうけど、私たちには、年老いても頼れる、きれいで優しい娘たちがいるではないか」

一八七三年、三十四歳のロックフェラーは、もうすでにクリーブランドで有名な百万長者となっていました。その頃ロックフェラーは、クリーブランドの新興高級住宅街であるユークリッドに、大きな邸宅を建てました。人々はそこを「百万長者の町」と呼び、ニレの木が並んでいるその通りには、荘大なビクトリア式の邸宅が多く建てられるようになりました。

この家では、ロックフェラーの義妹ルーシー・スペルマンが一緒に暮らすようになりました。ルーシーは生涯結婚せずに、彼の家で共に暮らしました。ロックフェラーは、日曜日には家族みんなを、素敵な馬車に乗せて教会に行きました。

エリー・ストリート・バプテスト教会は、ロックフェラーの助けによってユークリッド街に移り、「ユークリッド・アベニュー・バプテスト教会」になりました。彼は、大事業家になっていましたが、相変わらず日曜学校で奉仕をし、彼の妻も幼稚部で教えるようになりました。

その年の秋、五番目の子を妊娠したロックフェラーの妻は、夫の助けをもらいながら教会に行って、今度は息子が生まれますようにと切に神様に祈りました。そして、新しい年を迎えた一八七四年一月二十九日、ロックフェラーは神様から一番大切なプレゼントを頂きました。それは、妻が息子を産んだとの知らせでした。

この知らせを聞いたロックフェラーの目からは、喜びの涙が浮かんできました。息子の名前は、ジョン・D・ロックフェラー二世と名付けました。そして、この子には将来、ロックフェラーの相続人になって、ロックフェラーの家系を輝かさなければならない運命が待っていたのでした。

幸せな家庭

ロックフェラーは若くして百万長者となりましたが、絶えず自分を鍛え、紳士的で模範的な生活を貫いていきました。彼は、会社の仕事や教会の奉仕がない時は、必ず家族と共に時間を過ごすことを原則として守りました。

彼は、夜家に帰ると妻の額に優しく口づけをし、食事の時には妻と談笑しながら優しく手を握ったりしました。そのような父の姿を見ながら育った子どもたちは、ロックフェラーを忠実な夫であり、献身的な父として見るようになりました。息子が成長するにつれて、ロックフェラーは家族と過ごす時間がより多くなりました。

普段からスポーツが好きだったロックフェラーは、子どもたちとスポーツを楽しみながら時間を過ごすことに幸せを感じていました。彼は、朝早く出勤する前に、子どもたちを起こして芝生を歩いたり、水泳を楽しみました。そして仕事から帰ると、子どもたちとかくれんぼをしたり、馬になって背中に子どもを乗せたり、口でクラッカーを拾ったり、鼻の上にお皿を乗せてバランスを取ったりして楽しみました。そんなときには、笑いが絶えない、賑やかな雰囲気に包まれていました。

ロックフェラーの家庭には、葛藤などは見つかりませんでした。毎日、朝の食事の時には、家族みんなが食卓に座って祈りをささげ、順番に聖書を朗読した後に食事をしました。また、日曜日にはローラが「家族会議」を開きました。家族会議の時間は、一週間の中でそれぞれの過ちを悔い改める時間です。子どもたちは、お母さんの前で自分たちの過ちを告白した後、来週からは同じ過ちを繰り返すことがないことを決心し、共に祈りをささげました。

子どもたちは、自分たちが百万長者の子どもとして生まれたことを特別に感じることなく、成長しました。子どもたちは小遣いを稼ぐために、家の仕事を手伝わなければなりませんでしたし、父の命令に従って、それぞれの会計帳簿を作成しなければなりませんでした。

ロックフェラーは、普段は慈愛深いのですが、小遣いに関しては非常に厳しい父親でした。子どもたちはお小遣いをもらうために、それにふさわしい仕事をしなければなりませんでした。家のお手伝いをするとか、そうでなければ夕方に家族の前で楽器を演奏すると、その対価として小遣いをもらうことができました。またそのようにして稼いだ小遣いの中から、毎週二十セントは教会に献金しなければなりませんでした。

ロックフェラーは、家族を導くことは、事業を営む働きと同じように大事な働きであると考えていたのです。ですから彼は、いつもこのように言いました。
「私たちが会社を運営し、お金を稼ぐこと自体が『家族のため』ではないでしょうか」

神は、あなたがたを、常にすべてのことに満ち足りて、すべての良いわざにあふれる者とするために、あらゆる恵みをあふれるばかり与えることのできる方です。

コリント人への手紙第二 九章八節

Ⅲ
一生をささげた石油事業

John D. Rockefeller

14

危機の克服

私はいつも青年の失敗を興味深く眺めている。青年にとって、失敗こそが彼自身の成功の尺度であるからだ。彼が失敗をどのように考えたのか、そしてどのように対処したのか、落胆したのか、退いたのか、そうでなければ、さらに勇気をもって前進したのか。これによって彼の生涯は決定されるからである。

——モルトケ（Bernhard von Moltke，一八〇〇～一八九一）

初めての危機

一八六三年、ロックフェラーが石油事業を始めた頃のことです。彼はすべてのことに几帳面でしたが、一度人を信じると、時々無謀なまでに、すべてを差し出してしまうようなところがありました。そのときはまだ石油の真価を知らなかったロックフェラーは、鉱山業に対してもある程度の関心を持っていました。そのような彼に、友人の一人が鉱山業を勧めたのでした。

彼は友人の言葉を信じ、多額のお金を支払って、炭鉱を買い取りました。しかしそこはすでに廃鉱と同じで、何の使い道もない無益な鉱山でした。いくら掘っていっても、鉱山からは石のかたまりしか出てきません。

ロックフェラーに、絶体絶命の危機が近づいたのでした。普段、信用が厚かったロックフェラーでしたが、石油事業にも多くの投資をしていた状態でしたので、お金を借りる所もありませんでした。

賃金が滞ると、鉱夫たちは暴徒に変わって、騒ぎ出しました。彼らはロックフェラーを炭鉱の中に閉じ込めて、賃金の支払いを要求しました。ロックフェラーはあまりにもつらくて、自殺まで考えるほどでした。彼は、信じるものは一つしかないと思い、荒れ果てた廃鉱にひれ伏して祈りました。

「神様！　私は今まで神様のみことばを信じてそのまま従ってきました。今まで良心に背くことをしたこともなく、完全な十分の一献金をささげてきました。なのになぜ、私はこのような試練を受けるのですか？　今まで私の至らないところがあったのならお赦しくださり、もっと熱心に働くチャンスを与えてください。どうか、神様が生きておられることを現してください」

ロックフェラーは初めて、あふれる涙を流しながら、叫びの祈りを主にささげました。そのうち、まるで眠ったように倒れた彼は、不思議な体験をしました。

夢を見ていたのか、彼は道を歩いている自分の姿を見ました。道のりは非常に険しかったので、あまりにも疲れ果てて、足を一歩も動かすことができなくなってしまいました。それからしばらくすると、彼は地の片隅に倒れてしまいました。

すると突然、大きな両手が近づいて、倒れている彼を起こして、その険しい道を歩き続けるように助けてくれるのでした。そして彼がある地点に来ると、その大きな両手は離れていきました。

ふと気が付いたロックフェラーは、周辺を見回しました。彼は相変らず、冷たい坑道に倒れていました。

しかし彼は、その大きな手の感触を感じ続けていましたし、彼の心の深い所に、ある声が聞こえてきました。

「あなたは行くべき所に、もうすでに着いている。時が来ると実を刈り取るだろう。あなたが今いるこの所をもっと深く掘りなさい」

ロックフェラーは、その御声を聞いて勇気がわきました。彼は炭鉱の外に出て来て、鉱夫たちに最後の訴えをしました。

「皆さん！　私は今、神様に切にお祈りをし、神様の答えを頂きました。神様は、私たちをお見捨てにはなりません。もう少しだけ深く掘るなら、私たちが願っていた石炭があるはずです」

その言葉を聞いた鉱夫たちは、ロックフェラーの気がおかしくなって、変なものでも見たのではないかと、ひそひそ話をしました。しかし、ロックフェラーの涙ぐんだ訴えに感動した何人かの鉱夫は、最後にもう一度彼を信じてみると言いながら、廃鉱をさらに深く掘り始めました。

すると、坑道を掘り始めてから間もなく、急に石炭の代わりに「黒い水」が噴水のようにわき出ました。それは石炭よりももっと高価な石油だったのです。神様の御声を聞いて忍耐を持って危機を克服したロックフェラーは、その場でひざまずいて祈りをささげました。

「神様、このように私に石油という高価で素晴らしい贈り物を与えてくださったのは、一生この仕事に仕えなさいという主の御旨として受け取ります」

その後、ロックフェラーは石油事業を通して世界一の富豪の道を歩み、石油以外の事業には目もくれませんでした。

事業家としての綿密さ

南北戦争が終わると、アメリカの経済は急速な成長期に入っていきました。マーク・トウェイン（Mark Twain, 一八三五〜一九一〇）が「金めっき時代」と名付けたように、アメリカ史上最も競争が激しい、冒険的な資本主義の時代が開かれたのです。

ロックフェラーの会社は初めての試練を通ってから二年後、一日の生産量が一千五百バレルに達する、世界で一番大きな製油会社として成長しました。ロックフェラーはただ石油のことだけを考えて稼いだお金を、また石油事業に投資しました。彼は巨大な石油の貯蔵タンクを保有する一方、輸送手段である鉄道を掌握することで、自分の会社をクリーブランドの他の競争相手より二倍ほども大きな会社として成長させました。

そのプロセスにおいて、ロックフェラーの事業家としての緻密さと主導的な企画力、そして信仰に立った強い推進力は、彼の会社を他の追随を許さない巨大企業とするのに決定的な役割を果たしました。ロックフェラーは、彼が持っている才能について次のように語っています。

「私は数字と客観的な事実を敬う人であり、後で修正するしかない状況にぶつかったとしても、綿密な計画を行う情熱を持っている人です」

ロックフェラーは、事業に必要なすべてのことは何でも、メモを取る習慣を持っていました。彼は、新しい事業のアイディアはもちろん、製油工場を動かす設備などの細かい部分、数値、統計など必要な情報をすべて集めましたし、それらを一つもなおざりにしませんでした。彼は、休む暇がないほど工場を回りながら、メモを取って問題点を指摘し、節約のアイディアを教えていました。

「帳簿に記録されている三月の在庫を見ると、ドラム缶のふたが一万七百五十枚となっていますね。そして、四月に二万枚を新しく購入して、その中から二万四千枚を消費し、現在六千枚の在庫が残っているとなっているのですが、ならば七百五十枚のふたはどこに行ってしまったのですか?」

工場の責任者はその問題に対して、管理の徹底を改めざるを得ませんでした。

このような彼を見て、あまりにもささいなことまで立ち入り過ぎると批判する人もいました。しかし彼らは後に、ロックフェラーが小さいことを通して大きなことを見ることができる非凡さを持っていることと、それは物事を細心にすきなく眺める繊細さから来ていることを理解するようになりました。

ある日、ロックフェラーは工場を視察した時、五ガロンのドラム缶に灯油を入れる作業に注目していました。彼は、ドラム缶一本当たり四十回ずつのはんだ付けをしているのを見て作業する人に聞きました。

「はんだ付けを四十回ではなく、三十八回にしたことはあるのかね？」

作業する人は、そのようにしたことはないと答えました。

「それなら、三十八回にしてみてくれないか」

それで、はんだ付けを三十八回にしてみると、ドラム缶の中には石油が漏れるものもありました。するとロックフェラーは、三十九回にしてみるように指示を出しました。するとそのドラム缶は、石油が漏れなくなりました。

その後、スタンダード・オイル社ではドラム缶のはんだ付けは三十九回にするという業務の指針が下されました。ドラム缶一つを溶接するにはわずか何セントしか掛かりませんが、スタンダード・オイル社全体の規模を通して見たとき、このことによって年間数百万ドルを節約することができたのでした。

祈りに答えてくださる神様

ロックフェラーの成功には、彼の緻密で細かい性格、そして何よりも神様にすべてをゆだねて頼る、祈りの力が大きく用いられました。ロックフェラーは炭鉱で初めての危機を克服した後にも、祈りを通して多くの奇跡を体験するようになります。

強力なハリケーンがアメリカ大陸を襲っていた、ある日曜日のことでした。オイル・クリークに石油ドラム缶を保管しておいた製油業者たちは、石油ドラム缶を安全な所に動かそうと必死でしたが、どうしても力不足で、どうすればよいかわからない状態でした。

しかしその時間、一番多くの石油ドラム缶を保有していたロックフェラーは、平然と教会に行き、神様に祈りをささげました。彼は、廃鉱の中で答えてくださった神様にもう一度、切なる思いで願い求めて祈りました。

「神様！　今、私たちの会社は軌道に乗り始めました。願わくは、私たちの石油ドラム缶を安全に守ってください。その石油を用いて、この世に明かりを灯すことができるようにしてください」

その日のハリケーンは、ロックフェラーの石油ドラム缶を通り過ぎて行きました。

その暴風の中で害を受けずに守られた石油ドラム缶は、ロックフェラーの物だけだったのです。

すると、人々はロックフェラーが神様から特別な力を頂いたのではないかと考え始めました。仲間の一人が、このように言いました。

「私たちのロックフェラー社長は、人々が見られないものを見る能力があります」

弟ウィリアムまでも、ロックフェラーに対して、このような冗談を言うのでした。

「お兄さん、雨がやむように神様に祈ってよ。お兄さんが祈るなら、どんなことでも答えてくださるからね」

ある時は、ロックフェラーの家族に大きな惨事が起ころうとしたことがありました。

クリスマスを迎えて、ロックフェラーは妻と長女を連れてニューヨークに行こうと、荷物を先に駅へ送りました。ところが急に家に用事ができて、妻と長女は行けなくなりました。ロックフェラーは一人で駅に向かいましたが、家族を待って時間を費やしている間に、汽車は出発してしまいました。しかたなく彼は次の汽車に乗ることにしました。

しかし、先に出発した汽車は、事故のため火事になってしまったのでした。ロックフェラーが送った荷物も、すべて燃えてしまいました。彼は心を落ち着かせながら、神様に家族を守ってくださったことを感謝する祈りをささげました。

そして彼は、ニューヨークに到着してから、家にいる妻に手紙を書きました。

愛する妻へ

昨日の午後四時にニューヨークに着きました。服と洗面具は新しい物を買いました。それから、ウィル・エン・ミラーを訪ねて、久しぶりに楽しい時間を過ごしました。あなたのために買ったクリスマスのプレゼントは、事故の時に燃えてしまいました。人々は私がその汽車に乗っていなかったことがとても幸いであり、奇跡だと言っています。汽車から降りた時もそうでしたが、今回のことも神様の恵みであると思います。

手紙では、十分に今回の事故を説明できないので、次の水曜日に早くあなたに会って、その時の状況を話せたらと願います。

家族は皆、健康で無事であることを信じます。家族と共に夕食の時間を持ちたいですね。

あなたとベシーが家にいることが、どれほど幸いに思っているかしれません。

あなたとベシーが約束の時間に着いていたなら、私たちはその火に燃えた汽車の中にいたはずでしょうから、考えるだけでも恐ろしいことです。これは、真に神様の恵みであり、感謝なことです。

あなたにキスを送りながら……。

すなわち、彼は第一の月の一日にバビロンを出発して、第五の月の一日にエルサレムに着いた。彼の神の恵みの御手が確かに彼の上にあった。

エズラ記七章九節

15
信じたら任せる

義とは、人間の義を神様の義にするのではなく、神様の義を人間の義にすることである。

——カン・ウォンヨン牧師

ロックフェラーの人材抜擢

ロックフェラーは多くの人と付き合うことはありませんでしたが、一度信じた人には全面的な信頼と権限を与えました。彼は、人を疑いながら雇うなら、その人の良い所を生かすことができないということを、だれよりもよく知っていました。ですから人を採用するときは慎重にし、いったん採用した後は大胆に仕事を任せたのでした。

ロックフェラーは鉱山に間違った投資をして奇跡的に立ち直った後、一生を石油事業にささげようと決心しました。彼の頭には強い使命感と覚悟がありましたし、石油事業の青写真が正確に描かれていました。彼は石油事業をもって、世界を制覇する夢を着々と進めていきました。

しかし彼は一人の力では、それは不可能であることを誰よりもよく知っていました。ロックフェラーはパートナーであるサムエル・アンドリュースと話し合い、もう一人の協力者を迎えることにしました。ロックフェラーと生涯にわたって働くようになる、ヘンリー・M・フラグラー（Henry M. Flagler）です。

フラグラーが経営に参加してから、会社の名は「ロックフェラー・アンドリュース・アンド・フラグラー社」に変えられました。フラグラーは、ロックフェラーより十歳ほど年下でしたが、推進力と渉外能力においてはロックフェラーを上回る能力を持っていました。

貧しい牧師の息子であったフラグラーは、穀物販売業をしてみようと考え、ロックフェラーに敷地を賃借しようとしてやって来たのでした。彼は、南北戦争中に北軍の人たちに食料と生活用品を調達して財産を蓄え、ウィスキーによって財閥となったスティーヴン・ハークネスの事業に投資したことがきっかけとなって、ハークネスの娘と結婚するようになりました。

彼は、ロックフェラーの石油事業に将来性があることに気付いて、義父を説得しました。その結果、六万ドルの投資はもちろんのこと、さらに、九万ドルの運営資金までもらって、ついにロックフェラーと合流することができました。こういう訳でロックフェラーは、製油法を発明した当代一の技術者であるアンドリュースと、渉外能力に優れているフラグラーという両翼を得るようになったのです。この二人は、彼が持っていないものを完全に補ってくれました。

その後三人は事業の規模をさらに拡大するため、一八七〇年に有名な「スタンダート・オイル社」を誕生させ、アメリカの石油市場の九十五パーセントを占有する、初のグローバル企業を築き上げる礎になったのです。

後日ロックフェラーは、スタンダード・オイル社という帝国の建設の過程で、もう一人の優れた人を参加させます。その人の名前はジョン・アーチボールド（John Archbold）でした。

アーチボールドの登場については、有名なエピソードが伝えられています。

アーチボールドは、もともとスタンダード・オイル社の末端職員でした。彼は、「ドラム缶一本四ドル」というニックネームで呼ばれていました。それは、仕事に対する情熱が特別強かった彼は、出張に行ってホテルで泊まる時には、宿泊名簿に自分の名前を書いて、その横に「ドラム缶一本四ドル、スタンダード・オイル社」という文章を必ず書く習慣を持っていたことがきっかけで、仕事仲間たちが彼に付けたニックネームだったのです。

「宿泊名簿にそんなものを書いたからといって、何の意味があるのか？　ばかげてる」

仲間たちがあざ笑ってアーチボールドを「ドラム缶一本四ドル」と呼んだのですが、彼はそのようなことをやめませんでした。彼は、自分の小さな努力が積もって、いつかは会社にとって大きな助けになるだろうと、固く信じていたのでした。

そのようなある日のこと、カリフォルニアのある小さな都市に出張に行ったアーチボールドは、夜遅くなってホテルに入りました。部屋に入ってベッドに横になったとき、彼は急に宿泊名簿に名前だけしか書いていないことを思い出しました。彼は非常に疲れていましたが、洋服を着替えてロビーに下りて行きました。

彼は従業員に宿泊名簿をもう一度出してもらって、「ドラム缶一本四ドル、スタンダード・オイル社」という文章を、自分の名前の横に書き入れました。その時、隣で一人の紳士がアーチボールドの行動を注意深く見ていて、彼に尋ねました。

「なぜ、そのような文章を書くのですか?」

「私の会社を、少しでも多くの人々に知らせたいからです。もし、このホテルに泊まっているお客さんの中で、急に石油が必要な方がおられるなら、私の宿泊名簿を見た従業員が、スタンダード・オイル社を勧める確率が高いではありませんか」

そのことがあって一カ月ほど過ぎた頃、アーチボールドはロックフェラー会長に特別に招待されました。会長に会うために本社を訪ねたアーチボールドは、カリフォルニアのホテルで出会ったその紳士が、まさにロックフェラー会長であったことを知りました。

ロックフェラーは、アーチボールドを喜んで迎えながら言いました。

「私は、あなたのように会社の働きに情熱を持っている人と、一緒に仕事をしたいのです」

アーチボールドは、その日から本社で勤務することになりました。その後、彼はフラグラーの後を継いで経営手腕を発揮し、スタンダード・オイル社を世界最大の企業としてのし上げるのに大きな力になりました。

ロックフェラーは、一八九六年以後はブロードウェー二十六番街のスタンダード・オイル本社に毎日出社することをやめました。その代わりに、アーチボールドにすべての業務を代行させて、家で毎日彼と直通電話を通じて報告を受け指示を下しました。

ロックフェラーは、良いアイディアとお金と時間があったとしても、他人の助けがなければ、どんな事業も成功することはできないということを知っていたのです。ですから、彼はいつもこのように言いました。

「私が望むことを成し遂げる人を見つけ出し、すべてを任せることです」

事業を通して結ばれた友情

ロックフェラーは、学生時代から多くの人々と付き合う性格ではありませんでした。彼は、二十歳から九十歳を越える年まで多くの人々と出会い、仲間として過ごしましたが、事業においても私生活においても、フラグラーほど親しく付き合った友人はほかにはありませんでした。

彼らは同じ事務室で働いていましたし、間もなく一緒にユークリッド街から少し離れた家に引っ越しました。そして、一緒にエリー・ストリート・バプテスト教会に通い、毎日一緒に歩いて出社して、その日の日程について率直な話を交わしたのです。ロックフェラーは、家でも会社でもいつもフラグラーと共に過ごし、石油事業を進めていきました。二人は正反対の性格の持ち主で、フラグラーは無謀に見えるほど性格が大胆で、実行力があるのですが、ロックフェラーはすべてのことにおいて慎重で、考え深く緻密でした。ですからフラグラーは、ロックフェラーの足りないところを十分に補う役割を果たすことができました。

大概ロックフェラーはフラグラーに仕事を任せて、自分は一歩離れて、彼が進めていく働きを見ながら、事業の方向を調整するのでした。

後日、フラグラーは百万長者になって、スタンダード・オイル社から引退し、今日の観光地として有名になっているフロリダの海岸地帯を開発しながら晩年を送りました。

ヘンリー・M・フラグラーは、事業においても私生活においても、ロックフェラーと生涯の友情を分かち合えた、数少ない人物の一人でした。後日、自叙伝の中でロックフェラーはこのように語っています。

フラグラーと私は、ビジネスから始まった友情を分かち合いました。彼は、その方が友情から始まったビジネスよりももっと素晴らしいとよく言いましたが、私は自分の経験を通じて、彼の言葉に全面的に同意しています。

彼らが叫ぶと、主は聞いてくださる。そして、彼らをそのすべての苦しみから救い出される。主は心の打ち砕かれた者の近くにおられ、霊の砕かれた者を救われる。正しい者の悩みは多い。しかし、主はそのすべてから彼を救い出される。

詩篇三四篇一七～一九節

16 未来を見通す洞察力

人間の歴史において成し遂げられた発展の多くは、不可能を克服した人々が成し遂げたのである。

――ビル・オヘンリン

最初の株式会社

スタンダード・オイル社も、初めの頃は多くの苦難を経験しました。ロックフェラーの企業拡大政策に従って、製油所の数が増やされたため、技術不足と不注意による火災が次々と発生したのです。そのため、一時は銀行の負債が二十五万ドル以上にまでなったこともありました。

しかし、ロックフェラーは特有のリーダーシップを用いて多くの苦難を乗り越え、会社の基盤を固め始めました。彼は、資本主義の流れを誰よりもよく知っていたので、それを運営していく時に優れた能力を発揮しました。

ロックフェラーは、何よりも石油事業を正確に把握して見る力を持っていました。彼は石油事業の勝敗は、一番質の良い石油を一番安く市場に出すことにあると確信していたのです。

彼は、質の良い石油を生産するには、優れた製油技術が必要であると考えたので、新しい技術への投資を惜しみませんでした。また、石油の価格を安くするためには、輸送費が安くなければならないと考えていました。

ロックフェラーは、輸送費において同業他社より優位に立つことが、石油事業を成功させる鍵であると確信していました。彼は、輸送費を節約するためにはささいなことにまでも注意を払いました。

彼は、柏林を購入し、作った柏の木の石油樽を火鉢で乾燥させ、木材の重さを減らしたので、伐採した木材ででたらめに作った競争相手たちの樽とは違って丈夫で軽く、輸送費を半分に減らすことができました。

ロックフェラーはそれに満足しないで、鉄道会社との運賃交渉において有利な条件を得るために、周辺の製油工場を吸収・合併するのに全力を尽くしました。彼は、力を分散させる無駄使いをなくすためには、協力と調和が必要であると信じていました。ついにクリーブランドで最大の製油企業の集団を成すことで、運賃交渉において鉄道会社に対して優位に立つのに成功しました。

その間、油田地帯では何の規制もない、無分別な油田開発によって石油があふれ出たので、石油の価格は暴落を繰り返していました。価格が暴落すると、石油業者たちは競争よりは協力が必要であることを切実に悟るようになり、石油生産量を調整する生産量の割当制度に同意しました。しかし、これはほとんど守られませんでした。

ロックフェラーは、いつも費用を節約する方法を捜しながら苦心し、廃棄物を再利用する方法を模索したりもしました。また彼は、最大限の資金を集めて価格の下落で手を挙げた業者たちを、一つ一つ買収していきました。

ロックフェラーの予想は的中したのです。灯油の使用にとどまっていた石油産業は、徐々に産業界全般の主なエネルギー源になっていき、爆発的な成長を遂げ始めました。

それに合わせて原油生産量もますます増えていきました。しかし、価格はめったに下がりませんでした。

原油産業を再整備し、統制力を得たスタンダード・オイル社は、生産・製油・輸送・販売段階のすべての作業を管理・統制する事業システムを構築することで、より安定感のある効率的な経営を成すことができました。ロックフェラーは強力な競争相手がいなくなると、一日の生産量を五百バレルから一千五百バレルに増やしていきました。彼は、事業を成功するように導いていくためには、原油の採取はもちろん、それが消費者の手元に届くまで一連のプロセスも掌握しなければならないことをよく知っていたのです。

ですからスタンダード・オイル社は、アメリカのすべての原油試錐と製油、そして各種の油類流通市場を掌握することができました。一八六五年、すでにロックフェラーは世界に目を向けて、弟ウィリアムをはじめ、専門家たちで構成されたニューヨークの事業所を開き、全世界で成されるおおむねの原油貿易を占有していきました。

スタンダード・オイル社は、アメリカで最初の株式会社であり、アメリカで初めて役員会の制度を取り入れた会社でもあります。投資家たちは、会社の負債には責任を負わない株式会社の制度に魅力を感じたので、投資を惜しみませんでした。

ロックフェラーの優れた会計能力、細心の注意を払うまじめな性格、何とか原価を下げようとする意志は、石油業界における第一人者として、確固たる地位を築き上げました。このような努力が、ロックフェラー自身には名声を、彼の会社には堅実な財務構造をもたらしたのです。

スタンダード・オイル社の投資家たちは、少ない投資金額に比べ、収益は多い事実に驚いていました。ロックフェラーは、経済恐慌期だった一八七〇年にも決して損失は出しませんでしたし、株主たちには百パーセント以上の配当金を与えていたのです。スタンダード・オイル社は、徐々に世界で一番巨大で、黒字の多い製油会社として成長していきました。

ロックフェラーは、当時のことをこのように回想しています。

「私たちは、今日やらなければならないこと、すなわち会社の基礎を丈夫に固める働きを終えました。そのとき、私たちの中で誰一人、スタンダード・オイル社が後に大企業として成長するとは、夢にも想像できなかったのです」

一番効率的な経営

ロックフェラーは、将来を見る洞察力を持っていた人物でした。それは、彼の祈りに対する神様の答えでもありました。彼は事業に関しては、石油一つだけを考えながら絶えず神様に祈りました。

彼は、祈りと黙想の時間にはテトスへの手紙二章一一節から一四節のみことばをよく思い浮かべました。

すべての人を救う神の恵みが現れ、私たちに、不敬虔とこの世の欲とを捨て、この時代にあって、慎み深く、正しく、敬虔に生活し、祝福された望み、すなわち、大いなる神であり私たちの救い主であるキリスト・イエスの栄光ある現れを待ち望むようにと教えさとしたからです。キリストが私たちのためにご自身をささげられたのは、私たちをすべての不法から贖い出し、良いわざに熱心なご自分の民を、ご自分のためにきよめるためでした。

ロックフェラーは非常に敬虔で厳しい人であり、事業においては人に負けるのが嫌いな性格でしたので、多分に攻撃的で強硬な立場を取ることもよくありました。しかし、仕事仲間や職員たちにはとても親切で優しい事業家だったのです。彼は、新入社員を選ぶ時は自分自身が直接面接を行い、採用した人たちの名前を全部覚えていました。

彼は会社の中を、とても静かに影のように歩いたのですが、時には職員たちが働いている現場に、音も立てずに現れ、働いている姿を観察することもありました。

そして彼は、ある職員の働く姿勢が気に入ると、近づいてこのように励ましました。

「そう、その調子だ。仕事はそのようにしなくちゃね。続けて頑張ってくださいね」

特に彼は、会計帳簿に強い関心を持っていたので、経理部をよく訪ねました。彼はゆっくり帳簿を見ながら、経理の達人らしく、たった一つの間違いさえも見つけては指摘します。

「ここに一つ間違ったところがありますね。直せますか？」

ロックフェラーは、スタンダード・オイル社の設立当初から、才能が優れた人材は積極的に受け入れました。後のスタンダード・オイル社の重役の中で何人かは、スタンダード・オイル社と競争関係にあった人でした。ロックフェラーは自分を敵視し、自分に立ち向かった人であっても、才能が優れている人なら広く受け入れ、自分の味方としたのでした。

彼は経営の方法においても、いつも先を進んでいましたが、今日主流になっている能力主義を採用して、有能な職員は手早く昇進させたのでした。彼は、人材資源の重要性をいつも強調していましたし、実際にそれを行動に移しました。

ロックフェラーは、いつもこのように言うことによって、能力を重視する彼の価値観を明確にしていました。「真の職業意識を持った人々には、より高い評価を与えます」

その代表的な例が、前章で述べたアーチボールドの抜擢《ばってき》でした。彼は社会的な地位や影響力よりも、才能と情熱、推進力、忠誠心、慎重さを最も大切な人材資源として考えていたのです。スタンダード・オイル社が巨大な企業として成長すると、ロックフェラーは独断で仕事を処理するのではなく、徹底的な民主主義の方法で人材を抜擢しました。

彼はすべての仕事を処理する時、いつもこのように強調しました。

「いくら正しいことであっても、それをまず確認して、必要な事項をすべて準備することです」

スタンダード・オイル社は、会社が成長するたびに、より洗練された経営方法を駆使しました。ロックフェラーは、長年の思索と経験を土台に取締役会制度を創案しました。この制度は、スタンダード・オイル社の経営のシステムの中で普遍の制度になったのでした。

スタンダード・オイル社は実際に、取締役会で満場一致で決定した時だけ動くことができました。このように慎重な経営システムを構築することによって、スタンダード・オイル社は三つの利点を得ました。

第一に、会社を台無しにすることもあるオーナーの独り善がりや、リーダー間の争いを避けることができるようになったことです。

第二に、新しく変えられていく事業の不確実性に備えて、リーダーたちが十分に意見を交わし、それに備えた計画を立てることができたことです。

第三に、常に取締役会と円滑な意思疎通ができるようになったことでした。

彼は、スタンダード・オイル社の石油精製の責任が任されている、ある化学者にこのように言いました。

「才能があって信用できる人を採用して、その人を育成しなさい。あなたは、これから現場での仕事ではなく、椅子に楽に座って、どうすれば私たちの会社がもっとお金を稼ぐことができるのか、その方法を考えなさい」

ロックフェラーは年を取ってからは、職員たちに父のような上司になろうと努めました。スタンダード・オイル社の賃金は、同じ業者の平均値よりも少しでも高く設定していて、体の具合が悪い職員には一年以上の有給休暇を与えました。

ロックフェラーは職員たちにも、現金を与えることより自社の株を与えようと努めましたし、株を受け取った彼らは、スタンダード・オイル社の株価が急上昇するおかげで、多くの利益を得ることができたのです。

彼は、会社の名前を使って詐欺を働いていた職員を赦し、続けて会社で働けるようにしてあげましたし、職員たちの葬儀に一千ドルの香典を出したりもしました。また、機会があるたびに、職員たちに酒とタバコ、離婚、ぜいたくを遠ざけるようにと勧めていました。

スタンダード・オイル社の歩みを研究したラルフとミュデー・ハイディーは、ロックフェラーをこのように評価しました。

> スタンダード・オイル社自体よりも、ロックフェラーの献身的な努力の方がもっと素晴らしい。彼は優れた人物たちを呼び寄せ、効率的な経営を行ったからです。

落ち着いていて物静かな性格のロックフェラーは、いつも第一人者としての威厳とカリスマ性を持っていました。彼はたまに会議中に役員たちの間で意見が合わずに問題が発生すると、静かにメモを取ったり、椅子に座って目をつぶったりしていて、最後に解決の方案を提示するのでした。

当時、ロックフェラーに会った一人の弁護士は、このように言いました。

「ロックフェラーは、私が出会った数多くの証人の中で一番有能な人物でした。彼は相手の心をすべて読み取っていましたし、次に出る六つや七つの質問が何であるのかを、もうすでに予想していたのです」

求めなさい。そうすれば与えられます。捜しなさい。そうすれば見つかります。たたきなさい。そうすれば開かれます。だれであれ、求める者は受け、捜す者は見つけ出し、たたく者には開かれます。

マタイの福音書七章七〜八節

17 世の中を変えた考え方

私はいつも恐ろしい失敗を、チャンスに変えようと努力します。

――ロックフェラー

緻密な計画

一八七二年は、アメリカの経済全般にわたって、非常に重要な一年だったとロックフェラーは記録しています。

その年は、ロックフェラーが社員と同業者たちとによって、「スタンダード・オイル・トラスト」を誕生させた年だからです。また灯油の生産を中止していた既存の石油事業が、二十世紀の主なエネルギー源として大きな変革を成し遂げた年でもありました。

南北戦争が終わって、大恐慌に見舞われたアメリカ経済は、本格的に資本主義の色彩を帯びながら飛躍を始めました。あらゆるところで新しい発明と発見が成されていき、またそれらは未来を動かす新しい産業として着々と根を下ろしていたのです。

時代の流れを冷静に眺めていたロックフェラーは、石油事業で世界一の富豪になる方法を発見しました。それが、一つの産業から多くの分野をすべて独占していく、資本主義史上最初の「トラスト」(企業合同)の発想だったのです。

ロックフェラーはクリーブランドでの成功に満足することなく、石油の生産・船積み・卸売りなど石油産業の全般にわたって、すべての同業者たちを圧倒して、アメリカ全州、そしてひいては全世界の石油市場を掌握する計画を立てていきました。彼の計画は、単純に同業他社との企業連合を図るのみではなく、すべてのものを一手に所有することだったのです。

ロックフェラーは、世の中の動きを二年にわたって、特有の繊細さと洞察力を持って、大きなことから小さなことに至るまで綿密に検討していましたし、自分がその働きにおいて成功できることを確信していました。機が熟すると、彼は特有の行動力を発揮して、それを力強く推進することができる体制をつくり始めました。

彼はまず、自分の計画の基盤づくりのために、財政的な支援をしてくれる裕福な投資家たちを確保しました。彼は、簡単に資金を引き出すことができる銀行や鉄道関連業者たちと、新しいパートナーシップを結びました。

ロックフェラーはいったん始めた仕事に対しては、無謀なほど大胆に行動する人でした。彼は、スタンダード・オイル社が全世界の石油を製造するようになると豪語していましたが、遂にそれを実現させたのです。

ロックフェラーは当時を回想しながら、このように言いました。

「そのアイディアを出したのは、この私でした。すべての計画は、頭の中に詳細に整理されていたのです。結果として、私の計画は正しかったのです。私はある計画を成し遂げるのは、良心の問題であると考えました。あることを毎日やらなければならないとすれば、同じ方法で数えきれないほど多く繰り返すのです。正しくないことは、計画そのものをやめることです」

統合と集中

スタンダード・オイル社は、ロックフェラーの緻密な計画に従って、原油試錐を始め、製油施設、さらには運送と流通を掌握するため、計画を劇的に広げていきました。そのことは、一八七一年一二月から一八七二年三月までの四カ月間行われました。その結果、スタンダード・オイル社はクリーブランドの同業二十七社の内、三社を除いては、すべてを掌握することに成功したのでした。

ロックフェラーは、そこからもっと進んで、フィラデルフィア最大の製油会社であるウォドンと、ピッツバーグ最大の製油会社であるロジャース・プラット・アンド・カンパニーのチャールズ・ロジャースなど、アメリカ全州の大手製油業者たちを、自分の計画を実現させる協力者として迎え入れることに成功しました。

スタンダード・オイル社は、いつも一番高い価格を提示したので、彼らの企業買収・合併の速度は電光石火のごとく早いものでした。その中の六社は、たったの二日間で買収が終わってしまいました。

クリーブランドでの独占が達成すると、周辺地域を掌握し始めました。彼らは、ニューヨークで十五社、フィラデルフィアで十二社、ピッツバーグで二十二社、「田油地帯」で二十二社の製油会社を買収し、ロックフェラーは一生に一度の大きな野望を果たしました。

企業買収が計画どおりに成功するたびに、ロックフェラーは満足した笑みを浮かべながら言いました。

「私たちの会社に、家族がまた増えましたね！」

一八七七年には、油田地帯であるフィラデルフィア、ニューヨーク、ピッツバーグにおいて、スタンダード・オイル社に並ぶことができる製油会社は、一社もなくなっていました。

一八七八年四月、フラグラーは友人に送った手紙の中で、アメリカ全土の製油能力は年間三百六十バレルですが、その内三百三十バレルをスタンダード・オイル社が製油していると書きました。一八八一年、スタンダード・オイル社は、アメリカで生産される石油の九十五パーセントを製油しました。ロックフェラーは、まさに世界を支配する石油帝国を建て上げた主人公だったのです。市場独占に対するロックフェラーの夢は実現したのです。

それでも、彼はそこで止まることはありませんでした。彼は、石油輸送に必要なパイプラインとタンク油槽車を自社で製作し、石油の生産・輸送・精製・販売段階におけるすべての作業を管理し、コントロールするシステムを構築しました。

彼はさらに新たな計画を遂行するために、さまざまな処置を取っていきました。その中でも代表的なものが、木造タンクの短所を補った鉄製タンクの油槽車の開発だったのです。鉄製油槽車を保有し始めてからのスタンダード・オイル社は、鉄道会社との交渉をもっと有利な条件で成立させることができるようになりました。

このような一連の流れは、まさに「統合と集中」の効果を極大化させた作業だったのです。そして、ロックフェラーはそこで一番理想に近い成功を達成したのです。

石油の輸送まで掌握すると、ロックフェラーはアメリカ全土を州域別に分けて、該当の州域に直接スタンダード・オイル社の油槽用の馬車を送り始めました。三十八歳になったロックフェラーは、アメリカ全土の一般家庭でもよく知られる有名人になっていました。

ロックフェラーは、二十世紀末にはやった「選択と集中」の経営戦略を、すでに百年前に駆使した企業家として記録されました。彼は事業から引退した後は多くの企業に投資をしていますが、事業家として活動する時はひたすら石油一つだけを考え、それに関連した事業のみにすべての思いを集中していました。関連性が全くないところを開拓することは、成功の可能性がないと判断したからです。ですからスタンダード・オイル社は、石油と関連がない分野にはほとんど投資しませんでした。

このような「選択と集中」戦略によって、スタンダード・オイル社は、副産物として、三百余種類の石油製品の開発に成果を上げました。当時、アメリカでは道路建設が盛んでしたが、彼らは道路建設に必要なタールとアスファルトを開発し供給し始めました。また、機械と汽車に必要な潤滑油を製造して販売しました。

それ以外にもスタンダード・オイル社は、ろうそく、マッチ、塗料、ワセリンを製造し、販売しました。さらには、後日アメリカ人の象徴になったチューインガムを開発、販売したのです。

スタンダード・オイル社は、アメリカのすべての原油試錐と製油、そして各種の油類流通市場を掌握したことはもちろん、世界全域でなされる大概の原油貿易を独占しました。その頃アメリカ国内では、一つの企業があまりにも多くの市場を占めて、恐ろしいほどの巨大企業として成長することに対して、心配と嫉妬の声が高まっていきました。

ロックフェラーは、そのような声には耳も傾けませんでした。彼の妻が批判的な世論に対して心配すると、ロックフェラーはこのような手紙を書き送りました。

あなたの夫は、いつも正義の側に立って働いていることを忘れないでください。私は、一度も良心に背く仕事をしたことはないのです。

人生において成功した人は、時に時代の先を進むがゆえに非難を受けることもあるでしょう。

私は、私を非難する人に出会っても喜びを失わないようにと思っています。そして、たとえ困難にぶつかっても、私の信念をあきらめないようにと努力しています。

彼はまた「私と神様の間には、義だけがあるのみです」と言いながら、神様が彼と共におられることを確信しました。彼の事業に対する揺るがない信念が、彼自身の夢を実現させたのです。

ロックフェラーの奇跡のような成功は、経済学の教科書を書き直させましたし、後日多くの企業家たちの模範になったのでした。

ロックフェラーは、彼の伝記を書く作家にこのように言いました。

「私たちには夢がありました。そのとき、私たちは石油事業の驚くほど大きな可能性を見ていましたし、その中心に立っていることを知っていました。私たちは、私たちが持っている知識と創造力、経営経験をすべて動員して、十倍、二十倍、三十倍と実を結んだのです」

私たちはこのキリストにあり、キリストを信じる信仰によって大胆に確信をもって神に近づくことができるのです。ですから、私があなたがたのために受けている苦難のゆえに落胆することのないようお願いします。私の受けている苦しみは、そのまま、あなたがたの光栄なのです。

エペソ人への手紙三章一二～一三節

18 産業界のナポレオン

幸せへ向かう道には、単純に二つの原理があります。自分にとって興味を呼び起こすもの、そして自分がうまくできることは何であるのか知ることです。それが何であるのかわかったのなら、すべての思い、エネルギー、野望、そして生まれつきの能力をそこに注ぐことです。

——ロックフェラー

聖書に出て来るエジプトの石油

巨大なトラストの成立に成功したロックフェラーには、「産業界のナポレオン」という名声が付きまとい始めました。スタンダード・オイル社が行ったトラスト成立時の掌握力と主導権は、信じられないほど緻密で巧みな計画の結果だったからです。

しかしもっと驚くべきことは、それを実行していくプロセスにおいて見せたスタンダード・オイル社の役員たちの優れた資質でした。彼らは、強い個性とバランスが取れた感覚の持ち主として、ロックフェラーが提示した「スタンダード・オイル社の心構え」実現の先頭に立っていました。

この新しい時代の主役たちは、二十世紀に新しく登場した中間管理者層に属していて、スタンダード・オイル社が持っている技術的・地理的・産業的な利点を最大限に発揮し、世界的な企業として成長させました。

彼らは、ロックフェラーの計画を固く守り、実行する原動力になったのでした。ロックフェラーは特有の非凡な誠実さを用いて、彼らの変わらない忠誠心を引き出したので、新しいスタイルの「会社人」たちが、全世界を飛び回るようになったのです。

スタンダード・オイル社が、海外市場を活発に開拓する時のことでした。スタンダード・オイル社の役員の中に信仰心が非常にあつい人がいました。彼は聖書を読んでいるとき、急に頭の中に稲妻が通ったような感覚を受けて、その場から立ち上がりました。彼は、出エジプト記二章を読んでいました。

さて、レビの家のひとりの人がレビ人の娘をめとった。女はみごもって、男の子を産んだが、そのかわいいのを見て、三か月の間その子を隠しておいた。しかしもう隠しきれなくなったので、パピルス製のかごを手に入れ、それに瀝青《れきせい》と樹脂とを塗って、その子を中に入れ、ナイルの岸の葦の茂みの中に置いた。

出エジプト記二章一～三節

彼は何かに魅入られたように、その節をもう一度読みました。彼の目は「瀝青」というみことばに釘付けになったのです。瀝青とは、英語でピッチ（pitch）と言いますが、ピッチとは石油の一種ではありませんか！

その瞬間、彼は自分のひざをハタと打ちました。

「まさにそこに石油がある！　そこに石油があるのだ！」

彼は立ち上がって飛び上がりながら、一人で叫んだのでした。

次の日、彼はすぐに地質学者を含む調査団をエジプトに送り、現地を調査するように命じました。何日か過ぎた頃、調査団は聖書に記録されている場所で、驚くほど大規模な油田を発見しました。このエジプトの油田は、スタンダード・オイル社の世界市場開拓において、言うまでもなく大きな役割を果たしたのです。

偉大な征服者

ロックフェラーは他の製油所を廃棄するために、それらを買収する戦略を駆使しました。これは一般人としては簡単には理解できない戦略でした。彼が買収した企業の中には、収益性がない古い施設とか不良品を生産する製油所が多くありました。ところがロックフェラーは巨額を投じて、このような不良施設を買収していったのです。

後日ロックフェラーは、一人の記者にこのように言いました。

「彼らは会社を売り、お金をもらいながら、私がばからしいことをするとあざ笑っていました」

しかし、石油一つで世界を制覇するという偉大な夢を持つロックフェラーは、彼らのあざけりなど、少しも気にしませんでした。ロックフェラーは他の会社を買収する時も、初めから最後まで紳士的な姿勢を貫きました。彼は相手のどんな不満であっても受け入れましたし、不本意ならば合併を取り消すことまでもしました。ロックフェラーは、秘書にいつもこのように言いました。

「私たちの仕事は、両者が互いに利益を得るものでなければならない」

ロックフェラーは、自分を一種の救いの箱舟と考え、このように言ったこともあります。

「スタンダード・オイル社は、天から降りて来て『救いの箱舟に乗ってください』と語る、慈悲深い天使のようです」

ロックフェラーはローマの偉大な征服者のように、敵を味方に変えてしまう才能を持っていました。彼は買収した企業の社長や役員たちに、スタンダード・オイル社の株を分け与えましたし、ある人たちは会社の役員として迎え入れました。スタンダード・オイル社が成し遂げた成功は、徐々に世間の人たちの心をとらえ、伝説になっていきました。

彼は、スタンダード・オイル社の事業独占に対する非難には気にもとめず、自分の正当性を信じて疑うことはありませんでした。アメリカ合衆国の最高裁判所では、このようなトラストの存在を把握することができなかったので、禁止することもできませんでした。スタンダード・オイル社のトラストが成功すると、他の業者もトラストを組織し始めました。

後日、ロックフェラーは自分が創案したトラストについて、伝記作家に誇らしく話しました。

「私は、全世界の経営方式に一連の革新をもたらしたのです」

スタンダード・オイル社の規模が想像できないほど大きくなると、ロックフェラーは会社をもっと力強く管理していく必要を感じました。彼は、会社構造の調整に入り、五十三カ所あった製油所を二十二カ所へ大幅に縮小しながら、必要でない人材は減らしていきました。また職員たちを対象に新しい事業のアイディアを募集し、それが成功した場合は褒賞を与える「社員提案制度」を創案したのです。

ロックフェラーがスタンダード・オイル社を経営するのに発揮した超人的な力に対

して、スタンダード・オイル社の最高経営陣の一人であるエドワード・ヘッドフォードはこのように言いました。

「ロックフェラーは、真の意味でのスーパーマンでした。彼は常に経営システムの広範囲な変革を夢見ていましたし、難関にぶつかった時にも、彼の理想を実践に移す忍耐と勇気、大胆さを持っていました。彼の目標に対する固い信念と不屈の精神は、彼を驚異的な人物へとつくり上げたのです」

後日、ロックフェラーからスタンダード・オイル社の司令塔を受け継いだジョン・アーチボールドもロックフェラーに対して、次のように言いました。

「ロックフェラーは、いつも私たちより何歩も先に進んでいました。私たちがついて行こうと必死になっている間、彼はもうすでに次の目的地を捜していたのです」

スタンダード・オイル社は独占的な地位を確保していましたが、潜在的な競争者が育たないように、いつも低価格で石油を供給しました。ロックフェラーは、石油価格が四分の一に暴落してしまった時、綿密な検討の末に原油の製油を七分の一以下に減らして、問題を解決したこともありました。

スタンダード・オイル社の社員たちは、国内だけではなく全世界を行き巡り始めました。彼らは馬車や牛、らくだで石油を配達しましたが、不可能なら歩いてでも石油を配達したのです。ロックフェラーは灯油の生産にとどまっていた既存の石油産業を変革させ、二十世紀の主なエネルギー源になる画期的な事業を創案したのでした。

そればかりではなく、患難さえも喜んでいます。それは、患難が忍耐を生み出し、忍耐が練られた品性を生み出し、練られた品性が希望を生み出すと知っているからです。

ローマ人への手紙五章三〜四節

19 最も家庭的な億万長者

大金持ちが一番幸せであると信じるのは、間違った考えである。
——ロックフェラー

身についた節約の精神

三十六歳のロックフェラーは、もうすでに数百万ドルを持つ大金持ちになっていました。彼はクリーブランドの新興高級住宅街である、ユークリッドの大きな邸宅に住んでいました。そして、クリーブランド郊外のエリー湖が眺められるフォレスト・ヒルズに、七百エーカーの農場を兼ねた別荘も持っていました。

しかしロックフェラー家は、他の財閥たち、例えばジェイ・グールドやバンダービルド、モルガン家の人たちのようにぜいたくに暮らすことはありませんでした。

当時のアメリカ社会は、ゴールドラッシュ、南北戦争、オイルラッシュなどの変革の中であっという間に成金になった人々が、ぜいたくで享楽的な生活を送り、社会的な非難を受けていたのです。しかしロックフェラーは、彼らとは違って、非常におうようで、気品があり、つつましい生活を送っていました。

ロックフェラーは世界一の富豪になっていましたが、生涯に一度もお金を無駄に使うことはありませんでした。彼は自ら包装紙を再利用して使うほどであり、自分はもちろん家族にも節約精神を強調していたのです。それは、幼い時から母親から受け継いできた、神様中心の信仰教育に裏付けられたものでした。

後日、ロックフェラーを研究した人々は、ロックフェラーが世界最大の富を築き上げたのは、信仰中心の家庭教育にあったと口をそろえて語っています。ロックフェラーは自伝でも、「どのようにして、これほどまでに成功することができたのですか」と質問するマスコミに対して、このように答えています。

「私は幼い時から、母の節約と努力の精神を多く受け継いできました。私は、小学校に入る前から、神様に十分の一献金をささげるようにと、耳にたこができるほど聞かされましたし、一度も十分の一献金をささげなかった時はありませんでした。母の生活スタイルが、私の生活そのものになったのです」

しかし、ロックフェラーは行き過ぎたケチでもありませんでした。彼の家族はぜいたくはしませんでしたが、裕福な暮らしを送っていたのです。フォレスト・ヒルズの七百エーカーの別荘には、何十室もの部屋がありましたし、ベランダとあちこちに突き出ている塔には、少しばかりのぜいたくに見える飾りも付いていました。

しかしロックフェラーは、高価な家具はほとんど置きませんでした。ただ植木を植え替えて素晴らしい庭園を造ったり、人工の池を造って、冬になると町の子どもたちがスケートを楽しむようにしたのでした。ロックフェラーは人々と交わることがそれほど好きではありませんでしたが、たまには親戚や友だち、そして教会の牧師たちを招待し、パーティーを開くこともありました。

ロックフェラーは、だれよりも家庭的な人でした。彼は会社の仕事が終わるとまっすぐ家に帰り、家族と共に過ごす時間を、とても大切にしていました。彼は、会議中に母親が病気であるとの知らせを聞くと、すぐに会議を中止し、そのまま家に走って行った親孝行でもありました。

後日、ロックフェラー二世は、父親の家庭的な姿をこのように回想しています。

「母は、いつも父親の隣の席に座っていました。父がおばあさんの手を温かくつかんでいた姿を、今もはっきりと覚えています。父は私たちのそばに共にいました。私たちに水泳、ボート遊び、スケート、乗馬などを教えてくれました。…フォレスト・ヒルズで一緒に散歩をしたり、自転車に乗ることを教えてもらった後には、一緒に月の光を浴びながら、林の中を走ったりしたものです」

フォレスト・ヒルズでの休息は、ロックフェラーにも良い思い出となったようです。彼がそこで夏休みを過ごしながら息子に送った手紙には、このように書かれてありました。

実に静かな庭園の生活だ。
まるで昔の子ども時代に戻ったように思われる。

ロックフェラー夫妻は、家族と温かい時間を過ごしながらも相変わらず、教会活動と市民の集いに熱心に参加していました。しかし彼は、社交的な集まりやパーティー、クラブ活動などは必要ではないと考えていました。彼は、母から几帳面でまじめな性格と道徳心を受け継いだので、娯楽や社交ダンスなどは非道徳的だと思っていましたし、ぜいたくと享楽には全く関心を寄せなかったのです。

ひたすら事業と家族、そして信仰生活のみに心を尽くしてきたロックフェラーは、このように話しました。

「私は一生、家庭生活だけでも非常に満足できました」

平凡な私生活

ロックフェラーはすでに億万長者となっていましたが、私生活にはほとんど変化がありませんでした。彼は、他の財閥のように高価な美術品を集めたり、ぜいたくな食器セットなどを買うこともありませんでした。ただ彼は、事業が大きく繁栄したがゆえに仕事に多くの時間を費やさなければならないことを、大変つらく感じていたのです。

ロックフェラーは、家にいて家族と共に過ごす時を一番の幸せと感じていたのに、スタンダード・オイル社が世界的な企業として成長することによって、家族と過ごす時間はますます減っていったのです。だんだん出張が多くなり、家を留守にすることも多くなっていきました。彼が造り上げようとする帝国は、彼によりいっそう多くの時間や努力を要求したので、ロックフェラーは徐々に、ほかのことへの関心を断ち切って、会社の経営にだけ没頭することになりました。

あるとき、ロックフェラーは仕事が予定より遅れ、何日もニューヨークに泊まらざるを得ないことがありました。彼は、事業に関する限り、執念深く、自信に満ちた性格で知られていますが、そのような彼も、無情な資本主義社会で受けざるを得なかった苦悩を、クリーブランドにいる妻へ送った手紙で、このように表現しています。

私は今、いつもよりも心が苦しい。

仕事は遅々として進まず、結末の見えない状況で、人々は私を大いに苦しめています。どうしてこの世がこんなにも偽りと虚言で満ちているのか理解できません。早く家に帰りたい。

わが家こそが、険しいこの世から離れて、体も心も安らかに休むことができる唯一の場所だから。


ロックフェラーがマンハッタンに新しく購入した邸宅は、築二十年ほどの四階建ての家でした。その家は、外観は素朴に見えましたが、家の内部は派手なベルベットで装飾され、トルコや日本などから輸入した素敵な絵が飾られていましたし、エレベーターまで設置されていました。ロックフェラーはこの家の内部を改装することなく、そのまま使うことにしました。近くには弟ウィリアム・ロックフェラーとフラグラーなどを含めて、スタンダード・オイル社の役員たちが住んでいました。

ロックフェラーの家族たちは、皆そろって五番街のバプテスト教会に通いました。ロックフェラーはそこの教会でも教会の財政を任され、妻と娘たち、そしてロックフェラー二世も、日曜学校で奉仕しました。ロックフェラーの家族は、たまに教会の人々と仕事仲間を招いてパーティーを開いたりもしましたが、マンハッタンの社交界にはほとんど足を運びませんでした。

その代わり、ロックフェラーは気分転換のための旅行を楽しんでいました。彼はニューヨークへ引っ越した後、妻の健康が悪くなる前までは、約十年間家族たちと一緒にイエローストーン、カリフォルニア、アラスカ、ヨーロッパなどを旅して回りました。この旅行にはたいてい主治医であるビーガー博士と、毎日聖書の勉強を導いてくれる牧師が同行しました。

彼はガイドの助けを借りて、現地の人にいろいろなことを聞くのがとても好きでした。旅行の間にも、日曜日には必ず、近くの教会に行って礼拝をささげましたし、説教に感動した時には、相当の金額の献金をささげました。しかし、徹底的な資本主義者であったロックフェラーは、物ごいを見ると追い払っていました。

一八八八年、フランスを旅行中のことでした。ロックフェラーはあるレストランで、フランス語で書かれた領収書を真剣に見つめながら、ガイドに聞きました。

「ポオレ？　ポオレは何の意味ですか？」

すると、チキンであると教えてくれました。そこで、ロックフェラーは一緒に食事をした人々のチキンの足の数と、領収書に書かれている数字を照らし合わせてみました。フランスであろうが、アメリカであろうが、一羽の鶏の足が二本であるということは間違いないからです。

主は、あなたがたが宿営する場所を捜すために、道中あなたがたの先に立って行かれ、夜は火のうち、昼は雲のうちにあって、あなたがたの進んで行く道を示されるのだ。

申命記一章三三節

20
妻の家庭教育

現代のさまざまな状況を考えずに、人間性そのものだけを考えてみた時、親になるということは、人生が提供してくれる最大でかつ一番永久的な幸せを、心理的に与えることができます。

――バートランド・ラッセル（Bertrand Russell, 一八七二～一九七〇）『幸せの哲学』より

姑に似た嫁

ロックフェラーの妻ローラは、さまざまな点においてロックフェラーの母親とよく似ていました。彼女はロックフェラーの母親と同じように、ピューリタン的な家庭の中で育てられたので、自分の子どもにも厳格で模範的な生き方をするようにと教えま

した。

できる限り節約するという習慣に従って、ロックフェラー二世は七歳になるまで、姉たちのお下がりの服を着ていましたし、姉たちから料理や編み物を学ばなければなりませんでした。彼は、後に友人にこのように言いました。

「私は、姉さんたちのお下がりを着るしかなかった。姉さんたちの服は、いつも私まで着ることができるように作られていたからね」

彼が幼い頃に最も大きな影響を受けた女性は、やはり母親だったのです。彼女は、夫がたくさんのお金を稼げば稼ぐほど、子どもたちに節約の精神がなければならないと思い、節約の心を植え付けたのでした。

彼女は弱々しく見えましたが、強い意志を発揮し、知性と情熱を燃やして、キリストを模範とする生活を送ろうと努めました。子どもたちは、いくらやりたいことがあっても、母親がダメと言ったら絶対にやりませんでした。

ローラはそのような教えを、抑圧的で強制的な態度で子どもたちに教えたのではなく、とても優しく愛を込めて教えたので、子どもたちは自然に従ったのです。過ちを犯した場合、子どもたちは母親がただ優しく肩に手を置いただけで、それをすぐに悟り、直そうとしました。

子どもたちは祈りの時間を通して、自分たちの行動を一つずつ反省し、点検する教育を受けながら育てられました。特に、一人息子であるロックフェラー二世は、母の教えを誠実に学びました。母は、家名を次の世代に受け継ぐこの大事な少年に、格別の真心を注いだのでした。ロックフェラー二世は、自分の子ども時代を回想しながら、母親に気に入られるために、やりたくないことをいやいやながら無理に行ったことは一度もないと語りました。

「私がそのような生活を送ることができたのは、すべて母の影響によるものでした。母はいつも私が行うべき義務について、神様が喜ばれないことと両親を喜ばせることについて語ってくれました。母は私たちに、正しいことと間違っていることに対する意識を育てて、私たちが自然に正しく生きることができるようにしてくれました。ですから、私たちはしてはいけないことを初めからしようとも思いませんでした」

ユークリッド街の邸宅では、何の葛藤も生じませんでした。家族はいつも穏やかに話し合っていましたし、誰一人、荒々しい言葉は使いませんでした。父親のロックフェラーが財界の実業家であったように、母親も模範的な家庭を立派に築き上げたのです。

ロックフェラーは息子に「常に真実であるべきだ」と言い聞かせていました。彼ら親子は直接多くの言葉は交わさなかったのですが、よく手紙のやり取りをしながら、親子の愛情を深めていきました。彼らの手紙は一生続きましたが、あるときは一日で何通もの手紙を交わしたこともあります。

幼い時期病弱だった息子に、ロックフェラーはいつも勇気を与える励ましの言葉を手紙に書いて送りました。

あなたが自信を持って生きると言うので、
私はどれだけうれしく、ありがたいかわからない。

この手紙にうれしくなった息子は、このような返事を送りました。

もし、父さんが人々に示した半分でもよいから、僕が寛大で献身的で、慈悲深くなれるなら、僕の人生は無駄ではないでしょう。

後日、マスコミのインタビューで、一人の記者がロックフェラーに、「あなたが成し遂げた二つの優れた業績はロックフェラー医学研究所とロックフェラー二世ですね」と言ったとき、彼はこのように答えました。

「ロックフェラー二世は、私ではなく、母親の業績であると言えるでしょうね」

億万長者の息子の小遣い

ロックフェラーは世界一の富豪になりましたが、子どもたちの小遣いに対しては、非常に厳しくしていました。それは、幼い時だけではなく、子どもたちが成長した後も変わらない原則でした。彼は父親の「ビック・ビル」のように、子どもたちにお金を貸して利息を取るようなことはしませんでしたが、ただで小遣いを与えることはありませんでした。彼はお金の大切さを子どもたちに悟らせるために、働いた分だけの対価を支払ったのです。

後で成長した子どもたちがロックフェラーに、ペットや中国陶磁器のようなぜいたく品を買ってくれるように何回も頼んだのですが、ロックフェラーは絶対に聞き入れませんでした。子どもたちが成長してからは、場合によって子どもたちの要求を聞き入れましたが、基本原則は変わりませんでした。

このような原則は、ロックフェラー二世にもそのまま受け継がれて、ロックフェラー家の伝統になりました。次の文書は、一九二〇年五月一日、ロックフェラー二世が四十六歳の時、ロックフェラー家の三代目である、十四歳のロックフェラー三世と話し合って決めた、小遣いに関する同意書です。

小遣いに関するお父さんとジョンの同意書

一、五月一日からジョンの小遣いを一週間に一ドル五十セントとする。
二、ジョンの小遣いの使用内容を、お父さんが満足できるように帳簿に正確に記録するなら、次の週は十セントがプラスされる。しかし、小遣いの合計は二ドルを上限とする。
三、ジョンが小遣いの使用内容を正確に記録しないか、もしくはお父さんが満足できない時には、次の週の小遣いは十セント減らす。
四、支出がなかったり、小遣いを使った領収書がない時には、翌週の小遣いは前の週と同じ金額とする。
五、小遣いの使用内容を正確に記録したが、字や計算が間違っている場合は、翌週の小遣いは同じ金額とする。
六、小遣いを増やすか減らすかの決定は全面的にお父さんがする。
七、小遣いのうち、最低二十パーセントは慈善のために用いる。
八、小遣いのうち、最低二十パーセントは貯金しなければならない。
九、物を買ったり、支出した内容は明確に記録しなければならない。

一〇、ジョンは、お父さんやお母さん、そして家庭教師であるミス・スケールズの同意なしに物を買った場合、お父さんやお母さんに請求することはできない。

一一、ジョンが買いたい物が、小遣いの範囲を超えた場合には、まずお父さんやお母さん、またはミス・スケールズの許可を得なければならない。もし、許可を受けたら、お父さんやお母さん、またはミス・スケールズはそれを買うためのお金をジョンに十分与える。この時、ジョンは何を買ったのか、いくらで買って、いくら残ったのか、領収書や残金をお金をもらった人にその日の夕方までに提出しなければならない。

一二、ジョンは家庭教師を含め、家にいる誰にも、自分が買った物のお金を代わりに支払ってもらってはならない。ただし、交通費は例外である。

一三、この同意書を書いた日から、ジョンが口座に貯金した金額が、八項に規定された二十パーセントを超えた場合、お父さんは同じ金額をジョンが貯金した金額に加えて預金する。

一四、上記の内容は、相互の合意によって変更される時まで効力を有する。

上記の事項は、次の二人によって承認され、施行される。

ジョン・D・ロックフェラー二世
ジョン・D・ロックフェラー三世

子どもたちよ。主にあって両親に従いなさい。これは正しいことだからです。「あなたの父と母を敬え。」これは第一の戒めであり、約束を伴ったものです。すなわち、「そうしたら、あなたはしあわせになり、地上で長生きする。」という約束です。父たちよ。あなたがたも、子どもをおこらせてはいけません。かえって、主の教育と訓戒によって育てなさい。

エペソ人への手紙六章一～四節

Ⅳ
ロックフェラーの帝国

John D. Rockefeller

21

ブロードウェー二十六番街

今日を仕上げて新しい明日を望みなさい。今日は願ったことを成就した。

今日は大変なこともあったし、愚かなこともしてしまった。

今日を可能な限り早く忘れて、新しい明日を迎えよう。

——ラルフ・ワルド・エマーソン（Ralph Waldo Emerson, 一八〇三〜一八八二）

ニューヨークへ本拠を移す

一八八五年、世界的な企業として成長したスタンダード・オイル社は、本社をニューヨークへと移しました。ニューヨーク港が眺められるブロードウェー二十六番街に本社を置いたスタンダード・オイル社は、絶頂期を迎えていました。初めは十階建てだった本社の建物は、すぐ二十八階建てに建て直さなければなりませんでした。最高の繁栄を迎えたスタンダード・オイル社は、実にアメリカを代表する企業になりました。

ロックフェラーは、クリーブランドで働いていた職員たちをほとんど連れて来て、仕事を任せ、彼らがニューヨークで住む家も用意してあげました。そして、ロックフェラー自身も鉄道業界の大金持ちが住んでいたマンハッタンの邸宅を購入し、引っ越しました。

このとき、ロックフェラーが地方都市の一事業家ではなく、アメリカ経済の中心に立って世界を先導する大事業家として活躍する時代が始まったのでした。

スタンダード・オイル・トラストには、全部で四十の企業が参加し、その中の十四の企業はスタンダード・オイル社の傘下にありました。その構造があまりにも複雑であるがゆえに、国の機関や官庁が調査しても何も解明できませんでした。トラストに加わった企業の間では、誰が何を所有しているか、誰がどのような活動の責任者であるのかを明らかに示さないという約束があったからです。

ロックフェラーは、以前と変わらず、ただ会社の経営だけに全力を尽くしました。

彼は一般社員と同じように朝早く会社に出勤して、スタンダード・オイル社という巨大な国際企業を建て上げるために努力しました。彼は、優れた情報収集力に基づき、優れた能力を持った人材を抜擢していきましたし、彼らの意見を経営に積極的に取り入れました。

それだけではなく、彼はさまざまな調査に基づいて、多くの大学の理工系研究所に、先行投資をしたのです。そのため十九世紀末には、多くの研究成果が現れました。エール自然大学で、ベンジャミン・シリモンが商業的な製油処理法を最初に開発したことをはじめ、製油技術の副産物であるパラフィン、潤滑油、ワセリンなどの数十種類の産業用製造技術が開発されました。石油精製技術の発達によって、灯油火災と爆発による事故が減りましたし、スタンダード・オイル社は、より安全なランプとストーブを開発して、消費者に普及することができました。

一八七九年、トーマス・エジソンが電球を発明し、照明用燃料としての灯油の利用価値がなくなるころ、内燃機関が発明されたので、近代産業のエネルギー機関は完全に変わりました。そのことによって、スタンダード・オイル・トラストは、ロックフェラー自身も想像できないほどの水準にまで、膨れ上がるようになったのです。

一九〇三年、スタンダード・オイル社の営業社員たちは、キティホークで試験飛行に成功したライト兄弟の燃料をまかない、一九〇四年にはニューヨークからパリまでの国際カーレースの参加者たちのために、多くのガソリンスタンドを設置したこともありました。また、世界初のガスポンプを開発し、紹介しました。

世界は、内燃機関を使用する機械と自動車であふれ始めたので、石油の需要は爆発的に増え続けました。石油の需要がそれほど増えるとはだれも予測することができなかった時代に、未来を予測して絶えず事業を拡大していったロックフェラーの先見力のゆえに、スタンダード・オイル社は、新しい時代の最大の恩恵を受けることができたのです。

優れた洞察力

その頃、ロックフェラーに新しい悩みが生じました。彼は二十八階の会長室から二ューヨーク港を眺めながら、深く考え込んでいました。それは、スタンダード・オイル社の成長の勢いが想像をはるかに超えたために生じた悩みでもありました。

すべての競争者を取り除いた中で、市場における脅威が一つだけ残っていました。それは原油でした。原油の供給には大きく分けて二つの問題がありました。まず残っている原油の埋蔵量が問題になっていました。なぜなら、一八八〇年代の初めには、ペンシルベニアが唯一の原油採取地域だったからです。

もし、原油が底を突いてしまったら、この巨大な企業はどのように生き残ることができるのか？　またスタンダード・オイル社が掌握している地域ではない外部で油田が発見された場合、その影響をどのように解決すればよいのだろうか？

もしそうなれば、今までスタンダード・オイル社の戦略をすべて見てきた競争相手には、再起のチャンスをもたらすことになるので、これはスタンダード・オイル社を脅やかす深刻な問題になることは明らかだったからです。

間もなく、オハイオとインディアナで油田が発見されたことで、二番目の憂慮が現実になりました。

一八八五年、リマの北西の方、オハイオ近くで硫黄成分が混じった油田が発見されました。しかし、試錐された原油の質はとても悪いものでした。リマの油田は、それまでに発見された油田の中では最大規模でしたが、硫黄成分があまりにも多く混ざっていたので、機械が故障し、灯油として使用するにも、煤煙がすごいので家中を真っ黒にし、においもひどいものでした。

しかしロックフェラーは、多くの人々の反対にもかかわらず、その油田をすべて買い取りました。その時までなしてきた支配力を確かなものにするため、ロックフェラーは数百万ドルを投資し、リマの油田開発権を取得しようとしたのです。この知らせを聞いた会社の役員は驚き、反対し、やめさせようとしましたが、ロックフェラーは自分の個人資産を担保にするからと、熱心に彼らを説得しました。

ロックフェラーは、すでに祈りを通して、その油田は神様が備えてくださった物であると悟っていました。しかし科学者たちは、リマ油田の石油は硫黄を大量に含んでいるので、十分な水準にまで精製することは難しい、との判断を何度も下していました。そして、ロックフェラーの信頼を多く受けていたアーチボールドさえも、会う人々に不平をもらすようになりました。

「うちの会長は、本当におかしいよ。あの石油で何をしようとするのか。それを汲んで飲む気なのかな?」

彼は会社の行く末を悲観し、自分が所有する株を安い価格で売ってしまいました。取締役会も、リマの油田開発には反対でした。

しかし、今まで祈りに答えてくださった神様の御声を聞いたロックフェラーは、今回の件だけは取締役会の決定に従いませんでした。彼は、会社の石油精製技術者にこのように言いました。

「私はこの石油を精製する方法が、必ずあることを信じています。あなたが、この石油を販売できるように精製してくれるのなら、私の個人資産から三百万ドルを担保として出してあげましょう。この世に不可能はありません。そうでしょう?」

すると、ロックフェラーの確信に感動した技術者は答えました。

「会長がそのように信じておられるのなら、一度危険を冒してみましょう」

しばらくして、スタンダード・オイル社の技術者は、リマで抽出される原油の中から硫黄成分を取り除く方法を開発しました。そして、それを使用可能な石油にすることのできる「プレス工法」を開発して特許を取ったのでした。

結局、ロックフェラーは正しかったのです。数年後、スタンダード・オイル社は、ペンシルベニアからインディアナを回りながら、第三の原油である硫黄成分の多い石油を汲み上げ、これらを完璧に独占することができました。

リマ油田の副産物である天然ガスは、ストーブ、街灯などさまざまな分野で、多くの人気を集めました。これに伴い、スタンダード・オイル社は全国につなげるガス管を設置して、多くの都市から許可を取りました。この出来事は、ロックフェラーの優れた洞察力をよく表しています。

スタンダード・オイル社は豊かなリマ油田を確保したため、国際市場において新しく展開される競争に先手を打つことができたのでした。

アメリカ経済の見張り番

スタンダード・オイル社は、イギリスの金融財閥であるロスチャイルドと、いわゆる「市場合理化」を模索することで、世界の石油市場を次第に侵略しました。ロックフェラーは、マーケティング分野において抜群の能力を持ったアーチボールドを海外に派遣して、アメリカ国内と同じように買収・合併政策を広げていきました。彼らは、競合他社の株を買収し、ある場合には株式の秘密取引で、経営権を着実に取得したこともありました。

スタンダード・オイル社は、一八八四年から一八九九年の間にヨーロッパの石油市場の六〇パーセントを掌握して、第一次世界大戦が勃発すると、ほぼ百パーセントに達する占有力を誇示しながら、アメリカ合衆国の力の象徴になっていきました。そして、ヨーロッパだけではなく、中東と中国、日本、朝鮮、東南アジアなどアジアの国々にまで進出していったのでした。

スタンダード・オイル社は、対外政策でアメリカ政府を代表する役割を担っていました。それ以降のスタンダード・オイル社の繁栄は、アメリカの繁栄を意味するものとなりました。この驚くほどの繁栄を持続させることは、同じように国を繁栄させるものと理解されました。

各国に駐在しているアメリカの企業は、スタンダード・オイル社に非常に協力的でした。中国では、スタンダード・オイル社の社員が中国の人々に柱石ランプを配る席で、駐中米国大使が大使館職員に命じて、灯油が照明燃料としてどれほど効率的なのかを説明する中国語の文書を回覧してくれました。

ヨーロッパの植民地政策によって、広大な中国市場が閉鎖される危機に直面すると、ジョン・ヘイ国務長官は、アメリカ軍を動員して、スタンダード・オイル社を含め、アメリカ企業が中国と貿易できる権限を間接的に保障する有名な「門戸開放宣言」をするまでに至りました。

一八九〇年代まで、アメリカ産石油は全世界のまだ開拓されていない土地にまで進出していきました。スタンダード・オイル社の職員たちは杉板、らくだ、牛車、そしてさらには、原住民の背中に石油樽を積んで、世界の隅々まで進んでいきました。

後日、ロックフェラーは自伝の中でこのように明かしています。

私たちを一番強力に後援してくれたのは、ワシントンの国務省でした。わが国の大使、公使、領事たちは、私たちが世界の隅々まで新しい市場を開拓していくのに、大きな力になってくれたのです。

信仰は望んでいる事がらを保証し、目に見えないものを確信させるものです。昔の人々はこの信仰によって称賛されました。信仰によって、私たちは、この世界が神のことばで造られたことを悟り、したがって、見えるものが目に見えるものからできたのではないことを悟るのです。信仰によって、アベルはカインよりもすぐれたいけにえを神にささげ、そのいけにえによって彼が義人であることの証明を得ました。神が、彼のささげ物を良いささげ物だとあかししてくださったからです。彼は死にましたが、その信仰によって、今もなお語っています。

ヘブル人への手紙一一章一～四節

22 病を通して得られた悟り

いくら多くのお金を持っていたとしても、心は常に貧しいことがあります。豊かさとは、物質的なもの以外に、真に望んでいたものを得た時に感じるものだからです。豊かさとは、外面的なものではなく、内面的なものなのです。

——サクティ・ガウェイン（Shakti Gawain）

ロックフェラーの涙

五十代になったロックフェラーは、幼い頃から夢見ていた世界一の富豪になりました。しかしそのとき、予想もしなかった病が彼を襲いました。それは彼がひたすら事業だけに専念して走ってきた三十年余り、体を酷使し過ぎた結果だったのです。

ロックフェラーは、普段は自分自身の健康に自信を持っていましたが、一八七〇年代と一八八〇年代のアメリカ産業戦争の荒波をかき分けながら、自分も知らないうちに疲れ果てていました。特に、勝利者としてニューヨークへ乗り込んだ二年間、彼の健康は非常に悪くなっていきました。彼は、気管支と神経面に問題が生じ、胃潰瘍を患うようになりました。また不眠症のゆえに苦しみ、重い消化不良で苦しんでいました。ロックフェラーの主治医であったビーガー博士は休養を勧めましたが、彼は大したことではないと考え、続けて仕事に励んでいたのです。するとその頃から、彼の体はますます衰えて、ひどい皮膚病にまでかかってしまいました。髪の毛と眉毛が抜け、体が縮み始め、美しかった彼の姿は、腰が曲がって年寄りのようになってしまいました。彼は自分の抜けた髪の毛を隠すために、二週間ごとに長さが少しずつ違うカツラに替えながら、自然に髪が伸びているかのように見せようとしました。

しかし問題は、そのように隠すことで解決されるものではありませんでした。後に入院しなければならない状態にまでなったとき、彼は数枚のビスケットと水だけで、食事代わりにしなければなりませんでした。ますますミイラのように変わっていく自分の姿を眺めながら、この世界一の富豪は、夜も眠ることができませんでした。

一日百万ドル稼ぐ彼の収入も何の役にも立ちません。幼い時からお金のために生きて来た彼でしたが、お金がすべてではないことをやっと悟ることができたのです。

精密検査の結果、医者は「一年以上は生きられない」と死の宣告を下しました。するとマスコミはロックフェラーの死を心配するのではなく、彼の多くの財産が誰のものになるのかに、もっと多くの関心を示しました。

億万長者ロックフェラーは平安を失い、表情が暗くなりました。ロックフェラーは、マスコミがもうすでに自分の死亡記事を準備していることを聞き、絶望しつつ、お金がすべてではないことを切実に悟りました。恐ろしい苦痛の中で夜も眠れないこの富豪は、死と生について真剣に考え始めました。

ロックフェラーは、スタンダード・オイル社を固く握っていた手綱を、ゆっくり手放し始めました。彼は、自分自身のために走って来たのであって、神様と隣人のために、信仰生活を送ってきたのではなかったことに気付くようになりました。もちろん、今までも十分の一の献金と数多くの慈善事業を行ってきましたが、それは自分自身のためであったことを、ロックフェラーは悟ったのです。

お金のためだけに生きる人生は破滅の道であることを初めて悟ったロックフェラーは、自分の周囲の人々に目を向け始めました。彼は新しく「死んだらすべてが何の役にも立たない」という事実を悟り、二つのことを実践しました。一つは、いつでも休むことができるように事務室にソファーベッドを置くことであり、もう一つは、自分の財産を分けて、他の人々に喜びを与えることでした。

その後のロックフェラーは、新しい人として生まれ変わり、お金を稼ぐだけではなく、莫大な財産を慈善事業と寄付に使うために、多くの時間を費やすようになりました。彼は莫大な財産で、貧しい人や苦しんでいる人々を助ける働きを始めました。それとともに、健康を取り戻すことができるように、切なる祈りをささげました。

「神様、どうか私の健康を祝福してください。長生きしたいからではなく、今まで私が稼いだお金を、この世のために、そして善を行うために用いたいからです」

すると、祈りに対する答えが与えられました。ロックフェラーは健康を回復し、だんだん元気になりました。よく寝て、よく食べられるようになったのです。

彼は病気のために病院にいる間、自分が今までお金を稼いでも、その使い方についてはよく考えなかったことに気付きました。彼は、ひたすら世界一の会社を築くために、この世の目標だけを持って、わき目もふらずに走ってきたことを、心の奥底から悟りました。

一八九九年以後、ロックフェラーは事業家から慈善事業家へと変えられました。彼は、より信実に忠誠心をもって神様と教会に仕えましたし、貧しい人々を救済する働きに力を注いだのです。一番大きな変化は、ロックフェラーの顔に現れました。それは、ほほ笑みを取り戻したということです。

後にロックフェラーは、このように回想しました。

「人生の前半の五十五年は追われて生きてきましたが、後半の四十三年は幸せに暮らしました」

与えることの幸せ

ロックフェラーが病院で最終検診を受けるために、車椅子で移動しているときのことでした。彼はふと、病院のロビーに掛かっていた言葉に目を止めました。

「与える者は幸いである」

それを見た瞬間、彼の目から涙があふれました。優しい気持ちに、全身が包まれていくのを感じました。しばらく彼は、目をじっとつぶったまま考え込みました。

すると、どこからか争うような声が聞こえてくるではありませんか。ハッとして見ると、入院費のことで言い争っています。病院側は、「入院費を支払わなければ入院できない」と言い、患者である女の子の母親は「何とか入院させてほしい」と、涙ながら切に訴えているのです。ロックフェラーは秘書に指示して、入院費を代わりに支払うようにし、誰が支払ったのかについては知られないようにさせました。

数日後、その女の子は奇跡的に回復しました。彼はその姿を静かに見守りながら、深い喜びに満たされました。どれほどうれしかったことか、ロックフェラーは後に自叙伝に、そのときのことを次のように書いています。

「私はこの世で、これほどの幸せな瞬間があることを知りませんでした」

そのときから、ロックフェラーは与えて生きる人生を歩むことを決心しました。

引退を準備する

ロックフェラーは数カ月間、会社に出勤せずに二度の休暇を過ごした後、ある程度健康を回復することができました。彼は医者が指示した通りに、淡泊な食べ物を熱くないように料理して、少しずつ食べましたし、おやつにはお菓子を食べ、牛乳や麦茶を飲みながら、毎日午後は三十分ほどの昼寝をしました。その後のロックフェラーは太ることもなく、比較的健康な生活を維持しました。

引退を決心したロックフェラーは、ハドソン川が眺められる景色の良い土地を購入しました。そこにクリーブランドのフォレスト・ヒルズより、もっと素敵な農場を造り、引退後はそこで暮らそうと考えたのです。そこは、マンハッタンから北へ三十五キロメートルほど離れた地域でしたが、ロックフェラーはそこを「ポカンティコ・ヒルズ」と名付けました。ロックフェラーは以前からそうであったように、家の内装より庭に多くのお金を使いました。彼は、すでにそこに建っていた、平凡で古い家を大々的に修理し、プールやガレージと素敵な庭を造ったのでした。彼は、フォレスト・ヒルズのときと同様、自分の庭を、近所の人々が散歩できるように開放しました。自転車や馬に乗って通ることはできましたが、自動車の通行は禁止しました。

彼は当時はやっていた自転車に乗る練習を必死に行いました。普段からスポーツが好きだった彼は、自転車でのジャンプの妙技を競うほど上達したのです。初めは健康管理に良いと言われて覚えた自転車でしたが、後には、選手に負けないほどの実力を持つようになりました。

ロックフェラーは、不可能だという専門家のアドバイスにもかかわらず、難易度の高い妙技をマスターしました。工学の本を買ってきて、自転車の原理を研究しながら、あらゆる妙技を考案し、自転車で丘の頂きを征服する登山計画を立てたりもしたのです。

また、彼の家を訪問した客たちにも自転車を勧め、彼らに過酷な訓練をさせたこともありました。彼は、道に迷っている客を置いたまま、猛スピードでペダルを踏んで林の中に消えてしまうのでした。

後日、彼は自分の伝記作家にポカンティコ・ヒルズの生活について、このように言いました。

「煩雑な日常生活から離れて、平和と安らぎを取り戻すなら、どんなに多くのことができるかわかりません」

キリストは、人としてこの世におられたとき、自分を死から救うことのできる方に向かって、大きな叫び声と涙とをもって祈りと願いをささげ、そしてその敬虔のゆえに聞き入られました。キリストは御子であられるのに、お受けになった多くの苦しみによって従順を学び、完全な者とされ、彼に従うすべての人々に対して、とこしえの救いを与える者となり、

ヘブル人への手紙五章七～九節

23

慈善実業家、ロックフェラー

教会とは、命と死が共に組み合わされている場所であると言えるのではないかと思います。

――キム・ソンシク『信仰の生活化』より

悟り

十分に休養し、健康を回復したロックフェラーは、再び会社に出社し始めました。この頃から彼は心にゆとりを持つようにして、土曜日は仕事を休み、引退の準備をし始めました。

彼は「神様は私が稼いだお金を、主の御旨に従って分け与えることを知っておられるので、私をその道具として用いようとしておられる」と考えました。彼は自分の財産を「人類の福祉のために用いるように、神様から与えられたプレゼント」であると考え、これからは慈善事業のみを行っていこうと決心しました。

彼は慈善事業のために、身辺を整理し始めました。彼は新しい事業を広げることをやめて、自分の多くの権限を、役員たちに引き継ぐ作業を始めました。また彼は、慈善事業をどのように実践していくかについても、多くの時間を費やして、深く考えていました。

ロックフェラーは幼い時から母親の教えに従って、必ず収入の十分の一を区別して、教会に献金としてささげてきました。そして仕事を始めた頃から、慈善事業にも多くのお金を寄付してきました。バプテスト教会に献金したお金だけでも、数百万ドルに上りましたが、それは少しずつたゆまず献金してきたものです。しかし、神様が求めておられるのは、そのような方法ではなく、全財産を投資する慈善事業であることをロックフェラーは悟りました。

しかし、アメリカに経済恐慌が始まったために、ロックフェラーの計画は少し遅れました。彼は再び司令官となって、事業の陣頭指揮を執らなければなりませんでした。

しかしこのときに彼が始めた事業は、今までとは全く違うスタイルでした。それは、会社を大きくすることに重点を置く事業ではなく、経済恐慌の被害者たちを救済するためのものだったからです。彼は約六百万ドルを破産者たちに貸し出し、恐慌によって苦しんでいるアメリカ政府にも一億ドルの資金を会社名義で貸し出しました。

経済恐慌がロックフェラーにはかえって投資を拡大する機会になり、彼はその後、事業より彼自身の人生の方向を聖書から探し、祈る生活を送ろうと決心しました。

自分の夢をあきらめる

ロックフェラーが慈善事業を始める決心を固めた頃、アメリカ社会ではスタンダード・オイル社のトラストを解体させるための圧力が強まっていきました。スタンダード・オイル社に対する批判者たちは、ロックフェラーの慈善活動は巨大な富を守るために煙幕を張っているのだと批判する一方、スタンダード・オイル社の大規模事業を中断させることを力強く要求してきたのです。しかしロックフェラーは自分は正しいと考えていたので、独占に対するマスコミの批判、訴訟などに落ち着いて対処しました。

一八八七年、ついに議会はすべての鉄道に対して、いくら物量が多くてもリベートを与えることができないようにする「標準価格制」法案を施行させました。しかし、スタンダード・オイル社は油田、製油所、タンクの製作所、総距離二十万キロメートルのパイプライン、百余隻の油槽船の船団、海外補給路まで取り揃えた会社としては一番競争力が高く、いつも時代の先端を行く会社でした。しかし多くの人は、スタンダード・オイル社を相変わらず資本を独占する財閥として見ていました。

一八九〇年、議会は「シャーマン反トラスト法」という法案を施行しました。この法律は、企業の合併はもちろん、生産、販売、貿易取引においてもすべての共謀を禁止しました。一八九二年、オハイオ州の最高裁判所は、スタンダード・オイル社のオハイオにある子会社にトラストから脱退することを命じました。

ロックフェラーは、石油事業の独占に対する社会の圧力が強まると、世界市場の百パーセントを支配しようとする夢は、あまりにも高すぎる理想であることを悟り始めました。政府も独占の規制を強めていたので、スタンダード・オイル社の市場占有率はだんだん減少していきました。市場の占有率は、九〇パーセントと低くなり、彼が引退を考えていた頃には八〇パーセントにまで落ち込んでいました。

海外の市場も、同じように占有率が急激に下落していきました。それは、何かの規制によるものではなく、ヨーロッパの主要製油会社であるノーベルとロスチャイルドが、ロシアと東南アジア諸国で大規模な油田を開発して市場を侵食していた結果だったのです。

ロックフェラーは、徐々に自分の夢をあきらめることにしました。彼は、伝記作家にこのように言いました。

「もし、われわれの会社が全世界のすべての石油を独占するなら、人々はわれわれの会社を憎悪するようになることを知っています」

それからロックフェラーは、スタンダード・オイル・トラストに劣らない、また違った新しい目標を見つけ出しました。彼は、偉大な慈善事業のトラストを夢見るようになったのです。彼が石油産業を支配した方法を慈善事業にも適用することを決め、それに対する研究を始めたのです。

社会主義者を含めた資本主義の批判勢力は、政府が富を再分配しなければならないと主張していましたが、ロックフェラーは、政府が富を公正に分配できるとは信じていませんでした。彼は自叙伝で、富の分配に対する考え方をこのように述べています。

ある人々や組織が結成され、彼らが国のお金を全部集めて公共の平和と国の発展のために賢明に分配することができる時まで、自分の財産を守り、維持するのが私の義務なのです。

その当時、ロックフェラーは驚くほどの規模で、独立的な慈善事業を進めていく組織をつくり始めました。そして鉄鉱王のカーネギー（Andrew Carnegie, 一八三五〜一九一九）が、全世界に二千八百カ所の図書館を寄贈したとき、ロックフェラーはそれに対して大きな関心を示しながら、真心を込めたお祝いのメッセージを送りました。

富豪としてあなたがなさった働きは、私も行うことができる働きです。しかし、今回あなたが見せてくださった慈善事業は、確かに多くの人に尊い模範となるでしょうし、素晴らしい実を結ぶでしょう。

慈善事業を始める

ロックフェラーが慈善事業に関心を持って、本格的にその働きに力を注ぎ始めると、大勢の人々が彼の周囲に集まってきました。彼らは、知り合いを通して紹介状を書いてもらって面談を要望してきましたし、出社や退社の時間にもロックフェラーに付きまとったのでした。またある人は、田舎から大きな旅行カバンを持って出てきて、ロックフェラーに会うチャンスを得るために、スタンダード・オイル本社の周りを一日中うろうろしていました。

ロックフェラーは、行く先々で助けを求める人たちに取り囲まれなければならなかったし、一週間に一万五千通を超える嘆願の手紙が届きました。几帳面でまじめな性格のロックフェラーは、手紙の内容を一通一通読んだあと、その妥当性を検討してから、確実にお金を使う価値があると思える所にだけお金を出しました。

このような過程を通じてロックフェラーは、慈善事業にもビジネスと同じほどの注意力と集中力、綿密さが必要であることを悟るようになります。

後日、ロックフェラーは自叙伝で「慈善トラスト」を組織しなければならない理由を、その時に悟ったと語っています。

「慈善事業と企業の経営を接木させるなら、資金を節約できるのはもちろんのこと、より良い結果を生み出す効果的な運営が可能になるでしょう。慈善事業こそ、協力が何よりも重要なのです」

彼の唯一の関心事は、どうすれば財産を知恵深く使って、慈善事業を行うことができるかにありました。

ロックフェラーは事業で見せた驚くほどの天才的な力と物事を成就する力を慈善事業でも発揮するために、まず構想段階から多くの分野の専門家を動員し、効率的な研究調査を行いました。そしてついに、慈善事業を導く大規模な組織をつくり始めたのです。

ロックフェラーは最初に、教育に目を向けました。彼は一九〇三年に一般教育委員会（GEB：General Education Board）を創立した時、このようなことを言いました。

「私は、悪はその根から取り除かなければならないと考えたのです。それを無くす力は教育にあると思っていたので、私はまず大学を援助したいのです。そうすれば大学の卒業生たちが全国津々浦々に広がっていって、実用的な知識を広く伝えると思うからです」

ロックフェラーは、特に黒人の福祉に情熱を燃やしました。彼は、アメリカの黒人教育の先駆者であり、指導者でもあるブッカー・T・ワシントン（Booker T. Washington, 一八五六～一九一五）のような人たちを協力者として迎え入れました。ブッカー・T・ワシントンは、一番有名な黒人社会の代弁者だったからです。彼はその数十年前、ロックフェラーが通っていたクリーブランドの教会で奨学金を受けていて、南部一帯で黒人の教育に力を尽くしていました。

ブッカー・T・ワシントンは、タスキーギという所で、固い意志と努力で黒人たちを無知と貧困の苦しみから立ち上がらせるための努力を、十五年間もしてきた人でした。彼が設立した「タスキーギ学院」は全部で四十棟の建物からなっていますが、四棟以外はすべて学生たちの力で建てられたものです。

一般教育委員会は、ブッカー・T・ワシントンのような人々を支援することによって、人種や性、そして宗教の差別をなくす教育を成し遂げるという使命を与えました。この委員会は、全国的な規模で教育を展開しましたが、約一億三千万ドルに達するロックフェラーの寄付金によって、数千校の高校や農業学校、それから医大などを支援しました。それとともに、教育委員会の設立主旨にふさわしい教育関連の慈善事業を多く推進させました。

ロックフェラーの一般教育委員会の中でも最も著しい教育事業は、アメリカの専門医学の教育を改革し、標準化させたことです。特に二十四カ所の総合大学を後援しましたが、その中にはジョンズ・ホプキンス大学、エール大学、ハーバード大学、コロンビア大学、シカゴ大学などが含まれています。これらの大学は今もアメリカの最高の名門大学として知られています。

実際にシカゴ大学は、全米で最初に、独立的な学問を追求した大学として有名になりました。シカゴ大学は、初めから宗教・性・人種を問わずに新入生たちを受け入れ、バプテスト教会とのかかわりを早くから断ち切っていました。また、スタンダード・オイル社の製油所買収・合併よりもっと速いスピードで、学科ごとに最高レベルの教授たちを迎え入れました。

ロックフェラーは、シカゴ大学の十五周年の開校記念日に初めて学校を訪問しました。学校では学生たちが、ロックフェラーをたたえる歌を作曲して歌いながら彼を歓迎しました。その歓迎の歌を聞いたロックフェラーは、このように言いました。

「そのお金は、神様が与えてくださったものです。それなのに、どうしてシカゴ大学に寄付せずにいられましょうか」

またロックフェラーは、自分が広げた慈善事業に対してこう言いました。

「少なくとも私は、神様の祝福の種をまくと二十年、三十年後には必ず驚くほど大きな実を結ぶことを、前もって見ることができました。私はこのような神様の経済学を、私の母を通して徹底的に学ぶことができました。すべては神様が備えてくださるのです」

ロックフェラーの母は一八八九年に七十六歳で天に召されましたが、そのとき彼は、ニューヨークにアメリカの将来に大きな影響を及ぼすようになるリバーサイド教会を建ててささげました。それは、母が自分に教えてくれた基本的な信仰を、長くたたえ続けるために建てた教会だったのです。

リバーサイド教会の建堂式の日、大勢の人がロックフェラーと彼の家族に感謝の祈りをささげました。その時、ロックフェラーは彼らにお礼のあいさつをしながら、一言付け加えました。

「主から頂いたものを、主にお返ししただけです」

どうか、私たちの主イエス・キリストの神、すなわち栄光の父が、神を知るための知恵と啓示の御霊を、あなたがたに与えてくださいますように。また、あなたがたの心の目がはっきり見えるようになって、神の召しによって与えられる望みがどのようなものか、聖徒の受け継ぐものがどのように栄光に富んだものか、また、神の全能の力の働きによって私たち信じる者に働く神のすぐれた力がどのように偉大なものであるかを、あなたがたが知ることができますように。

エペソ人への手紙一章一七〜一九節

24 神様のご計画

何かが、人々を優れたキリスト者として変えさせたとすれば、それが彼らを優れた市民に変えさせるのです。

――ウェブスター（D.Webster）

特別な助力者、ゲイツ牧師

年を取ったロックフェラーの唯一の関心事は、どのようにすれば自分の財産を知恵深く使うことができるのかにありました。彼は、それが神様のご計画であると固く信じていたからです。彼は、まず集中的に緻密な慈善事業を広げるために、企業の経営でもそうであったように、慈善事業にもすぐれた協力者を捜し求めました。その頃に出会った人物が、三十八歳の若くて情熱あふれるフレドリック・T・ゲイツ

(Frederick T. Gates) 牧師でした。

ニューヨークが地元であるゲイツ牧師は、バプテスト教会の牧師の息子として生まれ、ハンサムでありながらも豊かな感情の持ち主でした。

一八九一年三月、ロックフェラーはシカゴ大学を後援するために結成された、バプテスト教会の全国指導部の集いに参加して、初めてゲイツ牧師に出会いました。ゲイツ牧師はその集いの中で、シカゴにバプテスト教会学校を建てなければならない理由に対して、かなりの科学的な調査に基づいた意見を提示しました。

ロックフェラーは、ゲイツの論理的でありながらも明るい性格が気に入って、彼を事務所に招きました。事務室でゲイツと会話を交わしたロックフェラーは、ゲイツこそ自分がこれから広げようとしている慈善事業の管理者として適任であると判断したのでした。

ロックフェラーにしてはめずらしく、その場でゲイツ牧師にこう言いました。

「ゲイツさん、私は今、非常に困難な立場に置かれています。慈善事業をしようとしても、どこから手を出すべきなのか、よくわからないのです。助けを求める人はあまりにも多くて、手に負えないほどです。私は細かい人ですから、本当に寄付をする十分な理由があるかを徹底的に確認するまでは、お金を出したりはしません。そうすると、会社の仕事よりもその働きにもっと時間と労力を使わなければならない状況なのです」

ロックフェラーは、その場でゲイツに自分の働きを助けてくれるように頼みました。三カ月後ゲイツは、ロックフェラーが広げた慈善事業の総責任者になっていました。

ゲイツは慈善基金を管理しながら、多くの詐欺師がロックフェラーのお金を悪用していることを知りました。ロックフェラーが教会の友だちや信じられる人々のアドバイスを受けて慈善計画を立て、細かく慎重に事業の妥当性を検討したと言っても、会社の仕事をしながらその働きを行うことは、どうしても無理があったのです。しかしゲイツは、支援金を求める人たちから文書化された依頼書をもらい、それを一つずつ綿密に検討した後、一番必要性と可能性のある事業だけをロックフェラーに推薦しました。

後にゲイツは、ロックフェラーの慈善事業が整えられた頃、このように言いました。

「ロックフェラーの思い付きによる慈善は、それほどの価値がないか、または詐欺にかかっっている場合が少なくありませんでした。しかし私は、彼のすべての寄付活動に科学的な寄付の原則を与えました。徐々に直接的な寄付を取り除いて、間接的に寄付することによって、問題なく定着させていきました」

ロックフェラー医学研究所

ゲイツはロックフェラーに真っ先に、ロックフェラーの名前を入れた慈善団体を設立することを提案しました。彼は、人類のための事業には、時間と場所、法律の制約がないので、自ら半永久的に持続していく力があると強調しました。そして、ますます巨大化していく独占資本に対するマスコミの批判を静めるためにも、ロックフェラーの名前を冠した慈善団体が必要であると主張しました。ロックフェラーはその意見に同意し、その最初の実として、一九〇一年にアメリカ最初の医学研究所である「ロックフェラー医学研究所」が開所したのです。

ロックフェラー医学研究所は、パリのパスツール研究所とベルリンのコッホ研究所をモデルとして、ニューヨークのイーストサイドに建てられ、大規模な実験設備を取り揃えていました。ロックフェラー医学研究所は、疾病が人類に対する最大の敵であると規定し、アメリカ医学の専門化と先進化のために、医学の人材育成と実験医学の発展のためのプログラムを展開していきました。

ロックフェラー医学研究所の所長としては、著名な医者であるペンシルベニア大学のアブラハム・フレクスナー（Abraham Flexner）博士が選任され、多くの有能な学者と職員たちを厳選、抜擢しました。フレクスナーは、研究所の創立四年目に、流行性脳膜炎を治療する血清を開発したことで、ロックフェラー医学研究所を世界的な研究所として発展させた人物です。

フレクスナーは、ロックフェラーの莫大な支援に勇気をもらい、医科大学の制度的整備、正規職教授の完全雇用制施行、臨床実験研究水準の強化に焦点を合わせた、アメリカ医学教育改革の青写真をつくっていきました。

ロックフェラー医学研究所は、ジョンズ・ホプキンス大学医学部を手始めに、正規職教授の完全雇用制を採用して、アメリカ国内の基礎医学研究基盤の確立に寄与させました。また連邦政府の社会衛生研究を二十年間の長期にわたって支援することで、実験医学を基盤とする基礎医学を強化しました。

同時にこの研究所は、国内外の公衆衛生向上事業の後援の先頭にも立って、十二指腸虫退治キャンペーンを展開して成功し、黄熱病ワクチンと小児麻痺・肺炎ワクチンを開発するなど、重要な医学的な成果を数多く上げたのでした。

ゲイツは、ロックフェラー医学研究所に対して、宗教的な意味を加えながらこのように言いました。

「この聖なる部屋ごとに、神様の御声が聞こえます。その方のひそかなみことばが、この部屋で働く人々に神様の隠された神秘を現しているのです」

この研究所の重要な成果は治療薬の開発だけではなく、公共医療保健活動の展開でも世界的に先導的な役割を果たすようになったという点でした。後日、この研究所はＤＮＡが遺伝的な形質を伝達するという事実と、ウイルスががんの原因であるということも明らかにしました。ロックフェラー研究所で働いている医師たちの中から、十九名がノーベル賞を受賞したことで、この研究所の真価が世界に知られるようになったのでした。

ゲイツは、ロックフェラー医学研究所に対するロックフェラーの愛情をこのように表現しました。

「ロックフェラー会長は、研究所が成した功績と、また未来に対する無限なる可能性を思いながら、喜びの涙を流していました」

ロックフェラーは、研究所の自由な雰囲気を邪魔したくなかったので、一回もここを訪ねることはありませんでした。何がビジネスであり、何がビジネスでないのかを知っていたように、彼は自分の領域と限界を知っていた人であったのです。

富は主から与えられたもの

ついに一九一一年、アメリカ合衆国最高裁判所はスタンダード・オイル・トラストの解体を決定しました。

そのとき、ロックフェラーは自分の別荘があるポカンティコでゴルフをしていました。最高裁判所の決定文を受け取った彼は、その文書を読む代わりに、一緒にゴルフを楽しんでいた地元の牧師にこのように言いました。「愛する友よ、これから私たちは最高裁判所の命令に従わなければならないようだね。素晴らしい私たちの家族たち、スタンダードのグループはこれから皆、離れ離れになってしまうのだろうね。友よ、スタンダード社の株を購入する気持ちはないのかな？　これからすぐ神様の、今までとは違った試みが始まろうとしているけれども」

結局、巨大なスタンダード・オイル社は、三十四の新会社に分割され、各会社の投資者たちは、その比率に合わせて持分の配当を受け取りましたし、ロックフェラーは真の意味で引退することができました。そして、アメリカの全地域でエクソンモービル、シェブロン、そしてアモクのような石油会社が誕生しました。

しかし、スタンダード・オイル・トラストの解体は、後に変わった暴風をもたらしました。これからすぐ、神様の今までとは違う試みが始まろうとしている、と言ったロックフェラーの言葉は的中したのです。

株主たちが各自の配当を受け取った一週間後、最初のウォール街での株取引では、スタンダード・オイル系列会社の株式が今までに類のない値上がりをし、株価が五カ月ぶりに四倍に上がったのです。

皮肉としか言いようがないのですが、二億ドルだったロックフェラーの総財産は、トラスト解体以後には十億ドルを超えていました。トラストの解体がむしろ、彼の財産を五倍に膨らませる結果へと導いたのでした。

ロックフェラーは、もう誰の追随も許さない世界一の富豪になりました。彼は、「神様の今までと違う試みが始まった」という言葉でこのような事態になることを正確に予言していましたし、非常に落ち着いて、それ以後の事業を準備していました。

選挙の公約としてトラスト解体を挙げ、その先頭に立っていた、ルーズベルト大統領（Theodore Roosevelt）も、皮肉のようなこの事態に対してあきれ果てていました。彼は、トラスト解体の次の年である一九一二年に、ある演説でこのように言いました。

「最近ウォール街では、このような祈りがはやっていると聞きました。『ああ、恵み深い神様！　どうかもう一度、トラストが解体するようにしてください』」

すべての逆境をチャンスに変えよう

たまっていたお金が雪だるま式に大きく膨らんでくるので、ゲイツ牧師はロックフェラーにこのような手紙を送りました。

会長の財産は雪だるま式に、驚異的なスピードで増え続けています。手に負えないほどなので、心配しています。お金が増えていくスピードよりもっと速く、分け与えなければなりません！　そうでないと、会長はもちろん、会長の子どもたち、そして孫の孫に至るまで、財産に埋もれて死ぬかもしれないのです。

ロックフェラーも、ゲイツの意見に同意しました。彼は、これから始まろうとする神様の試みの意味を知っていましたし、その御旨を拒む時には、また違う形の災難が襲いかかることも知っていたのでした。ロックフェラーは、この時も彼の持論であった「すべての逆境をチャンスに変えよう」を考えていたのでした。

そうしながらロックフェラーは、彼が若い頃にスタンダード・オイル社で成功したように、慈善事業にも偉大な業績を残すことができると確信しました。彼の新しいパートナーであるゲイツ牧師は、「慈善事業というのは、時代を越えて永遠に存続することができる事業である」と、いつも強調してきました。ゲイツは、ロックフェラーに彼の全体的な組織力を、慈善事業に適用してみるように勧めました。

引退したロックフェラーは、いつもそうであったように、またやらなければならない仕事がたくさん増えました。これからはお金を稼ぐための仕事ではなく、お金を使う働きに忙しくなったのでした。世界一の富豪ロックフェラーは、世界で一番の慈善事業家になりました。彼はいろいろな計画と投資にお金を使い、まるで財産を全部使い果たすのではないかと思えるほど、他人からは無謀にも見えました。彼は若い頃、事業を通して見せた大胆さを、慈善事業の時にも余すところなく見せたのです。

しかし彼は、慈善事業を行いながら、お金がそのまま放置されているのを、黙って見ていることができませんでした。あるとき、彼がシカゴ大学へ寄付したお金が、利息なしで銀行に預金されていることを聞いて、ロックフェラーはそのお金を六パーセントの利子で借りてくるようにさせました。彼は、このことに対してゲイツ牧師にこのように言いました。

「私は、お金が放置されているのに、そのままだまって見ていることができないのです。お金は回すためにあるものですから」

彼は、お金の利用価値を知っている真の事業家だったのでした。

だからあなたがたに言うのです。祈って求めるものは何でも、すでに受けたと信じなさい。そうすれば、そのとおりになります。

マルコの福音書一一章二四節

25 引退

貧しさとは、物を少なく持っている人のことを言うのではありません。さらに多くの物を望む人に対して言う言葉なのです。

——セネカ（Lucius Annaeus Seneca）

引退生活

ロックフェラー医学研究所と一般教育委員会の働きは、ゲイツ牧師と息子のロックフェラー二世に任せ、ロックフェラーはゆとりのある引退生活を楽しみ始めました。ロックフェラーは一生忠実な夫であり、献身的で模範的な父でした。彼が若く、事業に専念していた時には、家庭を見守ることができない時期もありましたが、家庭をなおざりにしたことはありませんでした。事業から引退したロックフェラーは、これから一生、家族と共にもっと幸せな生涯を送ることを願っていました。

しかしそのことは、家族の健康問題のためにうまくいきませんでした。ロックフェラーは五十代の頃の病がいやされた後には、健康をよく維持しながら生活していましたが、彼の家族はそうではなかったのです。長女のベシーは病気が悪化し、四十歳の若さでこの世を去りましたし、四女のイーディスと妻も健康状態が良くありませんでした。

ロックフェラーは全力を尽くしましたが、妻のローラはますます病弱になっていき、神経も鋭くなるばかりでした。ロックフェラーは旅行が好きでしたが、その頃にはローラの療養のために、ほとんど家で共に過ごしました。彼はローラに本を読んであげたり、庭を改造してもっと多くの花を見ることができるようにしてあげました。

彼は孫たちを呼び集めて、庭の手入れの仕方を教えたり、小遣いを与えることを楽しみとしていました。彼は孫たちにお金を渡しながら、無駄使いをしてはいけないことを必ず言い聞かせました。

「わが子よ。お金を使う時は、絶対に無駄使いをしてはなりませんよ。そして、お前たちが大きくなったら、貧しい人々を助けることができる力を蓄えておくことを絶対に忘れないように」

ロックフェラーはゴルフをしたり、暇つぶしに株を売買しながら、引退生活を楽しみました。当時ゴルフは、新しい人気スポーツとして注目を浴びていたのですが、ロックフェラーは引退後、本格的にゴルフに没頭しました。

引退後にロックフェラーが、株への投資をゲームのように楽しんだのは、ただ頭の老化防止のためでした。彼は引退したからといって、自分の頭の回転までさびつかせてしまうことは望んでいなかったからです。ですから、それらを防止するために、彼なりに戦略を決めて株を売買しましたが、それは価格が上がると売り、価格が下がると買うような単純な方式でした。

しかしロックフェラーは、この株のゲームでも、生まれつきの感覚を発揮して、しばしば多くのお金を稼いだりしました。投資をしたいと思う時には、二千万ドルまで借りて株に投資したこともありました。その中には、後にフォード自動車を追い抜いて、世界一の自動車業者として成長したゼネラル・モータース社の株も含まれていました。

そうしながらもロックフェラーは、自分が手に握っていた物を一つ一つ手放していきました。まだ本格的な遺産相続は始めていませんでしたが、彼は周辺のものを、ロックフェラー二世をはじめ、子どもたちが一つ一つ受け継ぐようにさせました。

ロックフェラーは若い頃、事業家としての立場を固める時に住んでいたユークリッド街の家も息子に引き渡しました。そのとき、妻のローラは不思議に思い、ロックフェラーに尋ねました。

「私たちの住まいを、そのように簡単に引き渡してもいいのですか?」

するとロックフェラーは、妻の手をそっと握りながら答えました。

「ローラ、私たちにはまだ残っている住まいが何軒もあるではないか」

ロックフェラーは、ニューヨーク、クリーブランド、フロリダ、メイン州のシルーハーバーに邸宅を持っていました。彼はまた、ニュージャージのレイクウッドに「ゴルフハウス」と名付けた別荘を建て、そこで残りの人生を送る準備をしていました。

しかし悲しいことに、ローラの病状がますます悪くなり、それさえ不可能になってしまったのです。脳卒中で倒れたローラは、そのようなゆとりを持つことはできませんでした。

ロックフェラーは、フォレスト・ヒルズで妻と義妹と共に冬を過ごしました。二人の姉妹は、ニューヨークまで行く短い旅もできないほど、健康状態が悪くなっていました。

ローラが七十五歳になった時、ロックフェラー夫婦はついに都市を離れ、その年の冬は暖かいフロリダで過ごすようにしました。そこで、ロックフェラー夫婦は結婚五十周年と、ローラの七十五歳の誕生日を祝いました。そこでの生活で、ローラの健康は多少回復したように見えました。

妻の死

しかしロックフェラーの妻ローラは、その次の年、一九一五年三月一二日に七十六歳で天に召されました。その日、ニュージャージー・レイクウッドのゴルフハウスに居たロックフェラーと息子は、続いて届けられた二通の電報を受け取りました。初めに着いた電報は、ローラが危篤であるということでしたが、すぐ続いて届いた電報は、ローラの死亡の知らせでした。

妻の最期をみとることができなかったロックフェラーは、非常に悲しんで涙を流しました。息子は、初めて父が泣くのを見ました。ロックフェラーはそのまま列車に乗り、妻が天に召されたポカンティコに向かいました。

ロックフェラーは、あまりにも平穏で安らかな顔で静かに眠っているローラの姿を長く見つめながら立っていました。彼は、外国に行っていて葬儀に加わることができなかった娘イーディスに送った手紙に「お母さんの顔は、天使のように輝いていたよ」と書きました。

妻の葬式を終わらせたロックフェラーは、妻を記念するために七千四百万ドルを寄付して「ローラ・スペルマン・ロックフェラー記念財団」を設立しました。この財団は、ロックフェラーが寄付した基金で、教会と宣教師を後援する働きを主に行いましたが、後にはロックフェラー財団に合併されました。ロックフェラーは二つの財団に、総額五億三千万ドルという天文学的な金額を寄付しましたが、それは全財産の半分に相当するものでした。

ロックフェラーは、先に天国に行った妻を記念するために、自分が設立し、支援しているシカゴ大学に教会を建設して、神様にささげました。そして、教会の建堂式には、このように言いました。

「人生の中で、私に一番大きな幸せを与えてくれたこと、私が成した一番大きな功績は、愛する妻を得たことです」

ロックフェラーは、母と妻の真実な信仰心を記念するため、彼の生涯の中で四千九百二十八の教会を建てて神様にささげたのです。

最も重要な二つのもの

妻が天に召された後、ロックフェラーはますますゴルフに夢中になっていきました。

彼は、ニュージャージー・レイクウッドのゴルフハウスで、老後を過ごし始めました。

彼は特有の集中力と沈着さを土台にして、ゴルフを集中的に学んでいきました。彼は、プロゴルファーを招いてコーチを受ける一方、当時としては人々が想像もできない方法を動員して、ゴルフを学んだのでした。

彼は、自分のスイングを写真で撮ることはもちろん、映写機を持ってきてプロたちと自分のスイングを撮って比べながら、フォームを矯正していたのでした。その結果、彼の実力は目に見えるほど早く上達して、プロに負けないくらい長打を飛ばし始めました。

ある日、ロックフェラーは一緒にゴルフをしている友人に聞きました。

「どうかな？　このくらいなら、私もかなり上手な方じゃないか？」

すると、友人は答えました。

「やはりあなたはすごい人だね。そうだよ。あなたは事業で石油王になったように、今度はゴルフ王になるだろうな」

その言葉を聞いたロックフェラーは、大笑いをしました。

彼はリラックスして、ボールを打つ間周辺の人々と冗談を交わすなど、以前よりもっと社交的な人として変えられていました。若い頃のロックフェラーは無口な人でしたが、年を取るにつれ、口数が増え、だんだん性格も積極的な人として変えられていったのです。ロックフェラーの義妹は、そのような彼を見て「義兄は節度がありながら愉快な人」になってきたと言いました。ロックフェラーは自らもそのような事実を理解していたので、このように言ったこともあります。

「これからの私は、自分の話をしゃべりたがる、おしゃべりな年寄りになりたいんだ」

彼のユーモアは、自分が年を取り、死が近づいていることを悟った達観と内省から出てきたもので、時にはシニカル極まりないものでした。

その頃からロックフェラーは、多少の無分別な行動も自らに許していました。身なりや世間に対しての接し方も変えていきました。彼は、時々黄色い絹のコートを着るなど、服装も派手になり始めましたし、以前には罪悪で満ちていると思っていた演劇も鑑賞するようになりました。

それだけではなく、彼は自分の農場であるフォレスト・ヒルズに、アマチュア劇団のための小型円形劇場を造り、彼らを招いて演劇を上演するようにしたのです。

また、大のゴルフ好きになったロックフェラーは、ポカンティコに十二ホール、フォレスト・ヒルズに九ホールのゴルフ場を造り、雨の日も雪の日も、天気とは関係なくほとんど毎日ゴルフをしました。暑い日には、彼は涼しいチョッキに帽子をかぶってボールを打ちましたし、秘書たちが傘を差してあげたり、雪を溶かさなければならない日もゴルフをしたのでした。

彼は、その頃からこのような言葉を残しました。

「私の人生の中で最も重要な二つとは、神様とゴルフである」

このようにゴルフ好きになったロックフェラーは、美しい景色で有名なハワイのコハルという地域にもゴルフ場を建設して、そこまで行ってゴルフを楽しみました。ロックフェラーの夢は、この美しい天の恵みの場所に世界最高のゴルフコースを造ることでした。彼は、有名なゴルフ場設計士であるロバート・ツラレン・ジョンス・シニアに設計を任せて、この美しいゴルフ場を完成させたのです。

当時は建設装備が不備だったのですが、彼は多くの人を動員して、この地域の黒い熔岩畑を整地し、近所にある農場からトラック約四万台分の大量の土を運んできて、五メートル以上の盛土をして芝を敷きました。このようにして、ハワイ島の中央に高くそびえたマウナ・ケア（Mauna kea）ゴルフ場が完成したのです。

ロックフェラーは、開場式に参加してゴルフを楽しみながら、この世でこれほど美しいコースはどこにもないだろうと喜んで賞賛したと言います。その後、マウナ・ケアのゴルフ場は、アメリカ中のゴルファーがあこがれる場所になりました。

マウナ・ケアのゴルフ場は、どのホールからでも太平洋の茫々たる大海を見ることができるのが、一番の大きな自慢でした。マウナ・ケアの地形を利用したコースは退屈さを感じさせず、山と木と海が巧みに演出する自然美は、地上最高の庭園でコースを回るような気分にさせました。

今も、マウナ・ケアホテルは多くのゴルファーによって賑わっているのです。

わたしの名を呼び求めているわたしの民がみずからへりくだり、祈りをささげ、わたしの顔を慕い求め、その悪い道から立ち返るなら、わたしが親しく天から聞いて、彼らの罪を赦し、彼らの地をいやそう。

歴代誌第二 七章一四節

26 ロックフェラー財団

人生には、与えられたままに生きる人生と、整えながらつくっていく人生、二種類があります。

――メリー・シャービン・カーペンター

ロックフェラー財団の設立

ロックフェラー財団は一九一〇年、ロックフェラー二世の義父であり、当時最も影響力のある国会議員の一人であった、ネルソン・アルドリッチ（Nelson Aldrich）上院議員が設立認可書類を提出し、一九一三年ニューヨーク州がそれを認可して設立されました。

ロックフェラーはもうすでに、一九〇九年から五千万ドル相当の株券を委託する書類に署名することで、人類の福祉増進を目標とする自分の意思を明らかにしていました。彼は、ロックフェラー財団設立の認可が下りると、約束どおり「世界人類の福祉増進のため」という伝言だけを付けて、一億ドルを寄付しました。

この財団の運営は最初の計画どおり、ゲイツ牧師とロックフェラー二世に任されました。ロックフェラー財団の立案者であるゲイツは、ロックフェラーが慈善財団を設立、運営しなければならない必要性をこのように強調しました。

「ロックフェラー会長とご子息がこの国と世界のため、文明の進歩に寄与するためには、偉大な非営利財団をつくる以外に方法がありませんでした。これからロックフェラー財団は、アメリカ合衆国が抱いている、すべての生活上の問題を解決していく、非常に明確な事業をする機関となるでしょう。人類に対する愛の事業には、時間と場所、法の制約がないので、自らが永久に持続していく力があるのです」

ロックフェラー財団が掲げた主な課題は、棄児根絶と人口問題の解決、大学の発展、アメリカ国内の機会均等及び文化的発展でした。

ロックフェラー財団は創立して間もなく、ゲイツが夢見ていた姿を現し始めました。

もしかするとロックフェラー財団は、ゲイツの大胆な希望よりも、かえってもっと早く国民生活の重要な部分を占めていたかもしれません。

ゲイツの公言どおり、新しくなったロックフェラー財団は、ロックフェラーが寄付した資金を含め一億八千三百万ドルの寄付金を集めました。そしてその運用利益を用いて、アメリカはもちろん、海外に門戸を広げて、救いと教育事業、世界平和運動を展開し始めたのでした。

ロックフェラー財団は、ヨーロッパから中国、日本に至るまで多くの国に、医学校を建てるために資金を寄付しました。また、ロックフェラー医学研究所が開発したワクチンなどの医薬品で、マラリア、発疹チフス、結核、黄熱病を含めた多くの疾病を撲滅することにも貢献してきました。このような成果は、財団の研究スタッフ六名（参考：この中には日本人の野口英世博士〈一八七六～一九二八〉も含まれる）が医薬品の開発途中に、黄熱病に感染して、死亡するなどの苦しみを経験しながら成し遂げられたことであったので、より重い意味を持っていました。その後、ロックフェラー財団は人類史上最も大切な業績を多く残すようになります。設立以後、およそ二十億ドル相当の資金を、全世界の数千名の選抜された者たちに提供し、一万三千名を超えるロックフェラー財団の特別研究員たちに補助金を支給しました。この研究員たちは、彼らの活動を通じてロックフェラー財団を大いに輝かせる役割を果たしました。ロックフェラー財団の大方の事業は、健康分野に集中し、当時成長していたロックフェラー財団の研究支援の戦略には、いくつかの特徴がありました。まず財団は、大学とのパートナーシップを通して、大学の基礎研究に対する「天使投資者」の役割を自任しました。基礎研究に対する全面的な支援にもかかわらず、当時一般的だった開発科学者単位の研究よりは、集団的なチーム研究と学生との協力研究を誘導しました。このような立体的な科学支援の活動には、直接または間接的な選抜者のうち約百七十名に及ぶノーベル賞受賞者たちが生まれました。

財団が創立されてから間もなく、ロックフェラーは知人に送る手紙に「予測できない将来を抱いて胸がいっぱいになる。偉大な事業に共に参加しているのだから、どれほど幸せなのかわかりません」と、誇りと喜びの思いを書いたのでした。

その後、七十二歳で財団から退任するようになったゲイツは、お別れパーティーで同僚たちに尋ねました。

「皆様が天に召されて、全能なる神様の御前に立った時に、その方は皆様に何を聞かれると思いますか？　神様が皆様の小さな過ちや良くできた善行を指摘するでしょうか？　違います。ただ一つだけ、『ロックフェラー財団の理事として、あなたは何をしましたか？』と聞かれるはずです」

ゲイツは、その団体がいつかは、スタンダード・オイル社よりもっと大きな力を持つようになることを予見しましたし、またそのとおりになりました。ロックフェラー財団によって、ロックフェラー一族は、世界で一番多く慈善活動を行った、世界一の名門として知られるようになったのです。彼の子孫たちは百年以上も経営・慈善・政治・芸術の分野で活発な活動を広げ、二十一世紀に至った今も強い影響力を及ぼしています。

ロックフェラー財団は、最近になってアジアとアフリカ新興国に対する援助を拡大し、棄児根絶、人口問題、大学の発展、文化の発展にも多くの支援を行っています。

世界一の富豪の哲学

ロックフェラーは引退した後も、相変わらず忙しい生活をして、世間の耳目を集めるニュースメーカーになりました。

ロックフェラー財団を発足した翌年の一九一四年、第一次世界大戦が勃発すると、ロックフェラー財団とロックフェラーの人気は急上昇しました。ロックフェラーは財団を通じて、連合軍を後援する資金として七千万ドルの巨費を投じました。彼はそれだけではなく、自分の大規模な農場と別荘を、戦争中に使うことができるようにしました。

また人々が野菜や果物などを自由に育てるように、農場を開放しましたし、マンハッタンの邸宅は、負傷者たちの治療のために病院として使うようにしました。

そのことを通して、以前にはロックフェラーのことをお金しか知らない事業家としか思っていなかった人々の認識も変わり始めました。

ロックフェラーはアメリカ政府から、軍用列車に燃料を供給するために、石油業者たちの協力依頼を求められると、その要請を喜んで受け入れながら言いました。

「私が驚くほどの財産を稼いだのは、世界人類の自由と平和に助けが必要となった時に用いることが、神様のみこころだからです」

ロックフェラーがロックフェラー財団をつくって慈善事業を始めた動機はいろいろあったのですが、彼がけた外れの財産を正しい方法で稼いだのではないと主張する社会主義者たちと、それに同調する一部の市民の批判もその一つでした。ロックフェラーは、財団を設立した一九一三年からアイビー・リー（Ivy Lee）という優れた報道人を起用し、自分のイメージを改善するために努力しました。

アイビー・リーはアメリカの歴史において、企業に採用された最初の広報担当者です。彼は、その当時にはまれでしたが、さまざまなスローガンやイベントを通じて、自然な形で世論が好意的になっていくように状況を導いていきました。

そのような変化を見ながら、ロックフェラーは息子に送った手紙にこのように書きました。

ある新聞を見ると、時にはこのような記事が書かれている。私が驚くほどの巨額のお金を稼いでは、そのお金を急に人々に分け与え始めた、と。しかし、それは事実ではないんだ。私は幼い頃、初めてお金を稼いだ時から他人と分かち合って来たのだから。アイビー・リーに頼んで、その間違った表現を直さなくちゃね。だけどゆっくり、一つ一つ……。

アイビー・リーは、やはり専門家らしさを存分に見せてくれました。彼は、ロックフェラーがそのような提案をする前からもうすでに、広報スケジュールを完璧に組んでおいたのでした。彼は、ロックフェラーが財団に寄付した巨額な資金に対しては、一つも宣伝には入れませんでした。それは、一般の人々には富豪がお金をばらまくとか、お高くとまっていると受け取られるかもしれない心配があったからでした。

アイビー・リーは、その代わり、ロックフェラーの寄付金を受け取った人々が、自発的に感謝の言葉を発表するようにしました。また彼は、ロックフェラーがただの億万長者ではなく、彼の庭園を隣人に開放し、野菜や果物を分かち合って食べていること、若い時から教会の日曜学校で教師の奉仕をしてきた信実な信仰者であること、そしてゴルフが好きで非常に楽しんでいること、などの話題をまとめてマスコミに提供しました。

このように堅実な広報は、お城の中で号令する大将のように思われてきたロックフェラーのイメージを柔らかくしました。その頃から、ロックフェラーはできる限り、大衆と接しない隠者のイメージを脱皮し、マスコミと接触をするようになり、自叙伝を書くなど、自分の素顔を世の中に知らせ始めました。

同時に、彼は『人と事件の回顧録』という本を出版し、ロックフェラー医学研究所で出版記念会を開きました。その場に参加していたマーク・トウェインは、その日のことをこのように表現しました。

「ロックフェラー会長は、席から立ち上がりとてもゆっくり、とても優しく、簡単明瞭で、人間味あふれる話を効果的に語りました。彼の一言が終わるたびに起こる拍手のために話は中断し、また話を続けなければならないほどだったのです」

次は、彼の著書『人と事件の回顧録』の中心部分を紹介したものです。

事業家が、自分の行う事業を成功させようとするならば、一番重要なのは、基本的で根本的な事業の原則に従うことです。それは、既存の取引の法則に従うということです。いつも変則的な方法を取るよりも正常な方法を取る方が、より確実な結果を生むことができるのです。常に取引の自然な運営原理を調べながら、それに従って行動しなければなりませんし、これが正しいのかを確実に研究しなければなりません。

ただ一時的で衝動的な利益を求めることは、自滅の結果を招きます。小さな成功に満足せず、小さな勝利しか得られない細かいことには、エネルギーを無駄に使わないことです。まず、事業を始める前に、自分の選んだ事業が確かな成功を保証してくれるものであるかどうか、もう一度検討してみるのがよいでしょう。

あなたの前方を、きちんと見てください。多くの優秀で将来を嘱望される人物が、手に負えない危険がどれほど待っているかも知らずに、重要な事業に跳び込んでいるという事実に驚くでしょう。

このように、説教する調子で話す私を許してください。小さな成功に、あなたの頭を無駄に使わないでください。忍耐をもって小さな失敗に挫折せず、この本を理解する心の直ぐな方なら、このような小言を言う必要はないでしょう。

神は、みこころのままに、あなたがたのうちに働いて志を立てさせ、事を行なわせてくださるのです。すべてのことを、つぶやかず、疑わずに行ないなさい。

ピリピ人への手紙二章一三～一四節

27 ロックフェラー二世

今、いる所でクリスチャンになれないのなら、
どこに行ったとしても、クリスチャンにはなれません。
——ヘンリー・ワード・ビーチャー（Henry Ward Beecher, 一八一三〜一八八七）

青年になるまで

ロックフェラー二世は、両親の厳しい教育としつけの下で成長しました。特に彼は、母親の格別に厳しい教育を受けながら、真実な信仰者として育てられたのでした。彼は大金持ちの息子として生まれたのですが、平凡な家庭の息子よりも、ぜいたくにお金を使った経験もありませんし、自分勝手に冒険もしたことのない孤独な王子でした。

彼は、ブラウン大学に入る前までは、一人で旅行に出かけたこともなく、ガールフ

レンドと付き合ったこともありませんでした。大学生になってから、やっと彼はある程度の自由を味わうことができました。ロックフェラー二世は生まれて初めて、自らの判断で生き始めることができたのです。

彼はアメリカンフットボールを観戦したり、ダンスパーティーに行ってガールフレンドと付き合うなど、世の中のまた違う一面を経験しました。彼は大学生になった年に、新しい世界に出会ったことをとても喜びました。

しかし、問題もありました。学校でダンスパーティーがある時に、母はダンスをすることを禁じたのです。ダンスをするということは、遊びに染まっていくことであると、母は判断したからでした。しかし二年生になった時に、彼はダンスの踊り方を覚えましたし、初めてダンスに誘われた時は喜んで応じました。これ以上母の言葉に従っていては、残りの大学生活も誰からも相手にされず終わってしまうのではないかと恐れたからでした。

彼は、三年生になる前の夏休みにひげを伸ばし、ラフな服装で友だちと自転車に乗って、ヨーロッパ旅行に出かけました。その旅行中でも徹底してお金を管理し、記録する習慣は必ず守ったので、友だちからは変わり者と言われることもありました。

ロックフェラー二世が大学四年生の頃、クラス委員を任され、財政的に難しい時も、アメリカンフットボールチームを立派に導いていきました。彼は、試合のたびにいつも父親を招待し、ロックフェラーは家族の義務と考えて、いつも息子のチームを応援するために競技場に行きました。ですから、時には競技場で帽子を振りながら、ブラウン大学チームを熱心に応援しているロックフェラーの姿を見ることができました。

ロックフェラー二世は、卒業を前にして開かれた大学の体育大会で、父と共に拍手喝采を浴びながら競走をしましたし、自らダンスパーティーを主催したこともありました。

新入社員

ロックフェラー二世は、大学を卒業した後、スタンダード・オイル社の本社で年収六千ドルをもらう新入社員として入社しました。もうすでに、スタンダード・オイル社を引退していた父は、息子に何も教えませんでした。

初めロックフェラー二世は、自分が何の仕事もできずに、事務室を守っているだけのような気持ちになるくらい、慣れることに困難を覚えました。

「給料を受け取りながらも、私は何の達成感も感じることはできませんでした。私はそこで、一般の職員たちが行っている仕事にさえもついていけませんでした。彼らは皆、自分の分の仕事をしていましたが、私にはこれといった仕事が任されていなかったのです」

しかし、しばらくすると彼がやらなければならない非常に重要な仕事が与えられました。実に素晴らしい良きパートナーも与えられました。彼がやらなければならない仕事とは、ロックフェラー医学研究所・一般教育委員会・ロックフェラー財団などを設立する働きでした。ですからその働きのパートナーとは、すなわちゲイツ牧師だったのです。普段は、物静かで恥ずかしがり屋で、内気な性格であったロックフェラー二世は、ゲイツのエネルギッシュな性格に感化され、熱心に仕事を学び始めました。彼は、ゲイツと共にアメリカ全地域に広まっている、父の膨大な事業を初めて回ってみることができました。

その訪問旅行を通して、ついに彼は自分がどのような位置にいるのか、新たに悟ることができました。自分の父は、世界一の富豪であり、将来はそれらを自分がすべて受け継いでいかなければならない運命である、ということを実感したのです。

その頃、ロックフェラー二世は自分の能力を試してみたいという思いになっていました。ちょうどその時、彼はダビデ・ラマという一人の投資家に出会います。彼は、数多くの会社の機密情報をよく知っているプロでした。ロックフェラー二世は、彼の誘いに乗って百万ドルを超えるお金を投資しました。もちろん元金に六パーセントの利子をつけると約束して、父から借りたお金でした。

その結果は悲惨なものでした。ダビデ・ラマは元々株の詐欺師で、ロックフェラー二世を狙って、下調べをしながら、彼をひっかけようとたくらんでいたのです。百万ドルという巨額のお金をいっぺんにだまし取られてしまったロックフェラー二世は、悲惨な気持ちになってしまいました。

「私は入社してから、父の荷を少しでも軽くすることに貢献したいと思っていました。しかし、軽くするどころか、かえって荷を増やしてしまいましたから、その時はこの世を離れたいほどつらかったのです」

息子はこのように告白しましたが、父は寛大で優しく接してくれました。

「ジョン、心配することはないぞ。誰でも過ちはあるからね。しかしそのお金だけは、後で稼いだら返さなければならないぞ」

そのことがあって、ロックフェラー二世は父に感謝に満ちた手紙を送りました。

尊敬するお父さん。

昨日の夜、お父さんが私の給料を上げるとの話を聞いて非常に驚きました。私は今回、それが私に対するお父さんの愛と信頼であることを悟っています。お父さんに深く感謝をささげます。しかしながら、私がどのように働いて、一年に一万ドル以上の価値ある働きをするべきか、心配が先に立ちます。私の至らなさのゆえに、お父さんの助けになることができなかったからです。

しかしお父さん！
私が、精いっぱいの誠実さをもって仕事に励んでいることは、お父さんもよく知っておられると思います。その点については、今はもちろんですが、これからも私を全面的に信じていただきたいのです。

愛する息子、ジョンより

結婚

ロックフェラー二世は、ブラウン大学での初めてのダンスパーティーで、後に妻となる女性と運命的な出会いをしました。彼女は、ロードアイランド州の有名な共和党上院議員であるネルソン・アルドリッチの娘アビー・アルドリッチ（Abby Aldrich）でした。彼女は、優れた美人ではなかったのですが、明るく社交的で魅力あふれる女性でした。アビーは、内気な性格のロックフェラー二世が、社交性を持つように大きな役割を果たしました。

彼女は、ロックフェラー二世を自分の家族に紹介し、家族旅行に何回も連れて行きました。ロックフェラー二世は、毎週日曜日ごとに彼女と共に教会に行きましたし、礼拝をささげた後には、散歩をしたり、川でカヌーに乗りながら楽しい時間を過ごすことができました。そのとき、いつも彼のジャケットの中にはアビーが喜ぶクレイアム・クラッカーが入っていたのでした。

彼らは七年間の長い交際の末、結婚しました。この結婚は、両家の意図によって成されたことではなかったのですが、世間では経済界と政界の大物の家同士の結婚ということで、数多くの噂が流れました。財界でロックフェラーが占めていた地位と同じくらい、ネルソン・アルドリッチは、政界で大物としての頭角を現していたからです。

一九〇一年一〇月、二人はワーワク島で盛大な結婚式を挙げました。父ロックフェラーは、蒸気船二隻を貸し切って、千名を超える多くの祝い客を島まで運んだのでした。マスコミは、この結婚式を「美人と富豪の結婚式」と大きく報道しましたが、その中でも『タイム誌』は、結婚式をこのように報道しました。

「この数日の間、ニューヨーク、ワシントン、ニューポートとその他の都市にあるすべての船と列車は、それぞれ割り当てられた数に従って、この国の政界や財界など社交界の有名人たちを運びました」

新婚旅行を終えて帰って来た二人は、正反対な性格の持ち主でした。ロックフェラー二世は、すべてのことに落ち着いて、自制をする性格でしたが、アビーは楽しく愉快な明るい人だったのです。ロックフェラー二世はアビーと親しく過ごしながら、彼女の明るく愉快な性格が気に入っていました。

彼ら夫婦は、長女アビーを産んだ後、続けて五人の男の子を産みました。五人の息子をみな素晴らしく育て上げたロックフェラー二世の妻、アビー・アルドリッチは、後日、ニューヨーク現代美術館の設立者となり、美術界の後援者となって、ニューヨークを世界美術の中心地として確立させる働きに大きな役割を果たしました。

真の管理者

ロックフェラーは、慈善事業を行っていく中でも、四つの大規模な非営利団体を運営していました。それは、ロックフェラー医学研究所、一般教育委員会、ロックフェラー財団、ローラ・スペルマン・ロックフェラー財団です。彼は徐々にその事業の運営を、一人息子のロックフェラー二世に受け継がせました。

年月がたつにつれ、ロックフェラーはお金を稼ぐことよりも、稼いだお金を正しく使うことの方がもっと重要であると深く悟るようになりました。そういうわけでロックフェラーは、自分の財産は全世界の福祉を増進させるためにある、という彼の夢をすべて息子に託したのでした。それに従った息子は、三十六歳でスタンダード・オイル社の役員職から離れて、全面的に慈善事業のみに専念するようになりました。

ロックフェラーは、一九二一年には財産の委譲を完了しましたが、その金額は、彼がロックフェラー財団に寄付した金額と同じ五億ドルに達していました。ロックフェラー二世は、何の制約もなく使うことができる五億ドルの財産の所有者になりましたが、彼自身は管理者にすぎないと、よく語っていました。そして「多く受けた者は、多く与えなければならない」というのが彼の持論でした。

また父は、息子を単なる遺産相続人ではなく、慈善事業家の同労者として考えていましたし、息子に「私の息子が人類の幸せのために財産を用いることを願う」というメモを残しました。息子は父の要請を喜んで受け入れますと約束しながら、このように言いました。

「私は、お父さんが財産を管理してこられたように、良心的に管理するでしょうし、賢明で寛大に財産を使うことができるようにお祈りしています」

次の二通の手紙を通して、父が息子に期待したのは何であるのか、どのように教えたいと望んでいたかを如実に知ることができます。

一九一八年九月一二日

愛する息子へ

九回目の手紙に返事を送るよ。二週間前に私たちが会った時、あなたはあまりうれしそうには見えなかった。もちろんとっても忙しいかもしれないが、一度も私を訪ねて来る余裕がないほどとは思わないのだが…。私は、あなたと会う時間をもっと楽しみにしているけど、あなたにはそのように言い出せなかった。

以前、私が背負ってきた責任を、これからはあなたが背負わなければならないのが主のみこころであるから。初めは、その責任がこんなに大きくなるとは思わなかったし、あなたがこんなに早く、そして素晴らしく責任を全うできることは期待していなかった。

私は言葉にできないほど感謝している。将来あなたが成すべき働きは、あまりにも多い。細かい仕事のために、自分をあまり酷使しないでほしい。細かい仕事をする人は必ずいるはずだから。

私たちは共に計画を立て、黙々と仕事を成していけばよいのだ。私は、力の限りあなたを助けたいと思っている。健康に心を配ることだよ。それが信じる聖徒の義務だから。あなたが健康でいるなら、この世のためにもっと多くの仕事ができるからね。

父より

＊＊＊＊

一九二二年一月二六日
フロリダ州のアーモンド・ビーチから
愛する息子へ
私が随時あなたに渡してきた財産と関連して、幾つかを付け加えたい。
私が個人的に行っている定期的な寄付とは別に、私はもうすでに他の信託に、慈善事業のために大きな金額を分けておいた。そして、もう一つ明確になったことがある。
対象者一人一人を、相当の時間を割いて慎重に研究した結果を見ると、これから数年間で、この世の人々に与えられるすべてのものを施したい、という私の熱望を完全に実行に移すことはできないということだ。
幸いな点は、あなたは私と少し違う角度からこの世と接触していること、また慈愛深い神様のみこころによって、財源が十分に残っているということだ。だから、私はあなたが持続的に慎重に研究し、世界が必要としている事柄に対して、広範囲に把握することを願っている。

この世の人々を助けるための計画を、あなた自らが決定し、遂行することができるように、私は今まで待ち望んできた。あなたに会うたびに、完璧な善が成し遂げられるという確信がわいてくる。だから、このチャンスをあなたに喜んで引き継いでほしいと思っている。

この一番特別で重要な働きを、信じて任せられる息子がいるのだから、私は本当に祝福された者だね。

父より

ロックフェラー二世は、四つの慈善財団を運営することはもちろん、一九二八年には植民地時代の都であったバージニア州ウィリアムズ・バーグの復元計画に資金を拠出し、一九三〇年代には、ロックフェラーセンターの建設に力を尽くしました。第二次世界大戦後には、ニューヨークに国際連合（UN）の本部を設置するために土地を寄贈するなど、国際協力を促進するために大きな役割を果たしたのです。

ロックフェラー二世は、父の九十歳の誕生日プレゼントとして、ロールスロイスを一台買ってあげたいと思っていました。もちろんロックフェラーは、息子の気持ちはうれしかったのですが、初めは非常に反対しました。持っている自動車でも十分であり、周りの若者たちや隣人、そして他の人々にもぜいたくの悪い模範を見せることになるとの理由からでした。

そうするうちに、この老人は考えを変えました。ロックフェラーは、自動車を買うお金を現金でもらい、そのお金を慈善事業に寄付することにしました。

これは、そのとき息子に送った父の手紙です。

一九二九年六月一三日

ニュージャージー州レークウッドのゴルフハウスから

愛する息子へ

ロールスロイスをプレゼントしてくれるとの、あなたのありがたい十日付けの手紙と、昨日私が送った返事に対して、昨日の夜もう一度考えてみたんだ。そして勇気を出して結論を下した。

私の思いを改めて言うなら、自動車を買ってくれる代わりに、現金でもらってもよければ、私はそのお金を一番必要な慈善事業へ、賢明に使うことができるのではないかと思う。

私は、それが私たち皆にとって、一番価値ある投資になることを信じている。しかし、これはただの提案にすぎないから、あなた自らが正しい判断を下すことを願っている。あなたがどんな決定を下したとしても、私は言いようもないほど満足するだろう。

愛する父より

七月五日、息子は父親に「ロールスロイスの代金です」と言って、一万九千ドルを送りました。ロックフェラーは、時々このように言いました。

「私の人生で最高の財産は、まさに私の息子です」

私の子どもたちが真理の道を歩んでいることを聞くことほど、私にとって大きな喜びはありません。

ヨハネの手紙第三 四節

V
完全な信仰

28 世界一の富豪が持った小さな望み

神様の愛は、私たちを試練から守る愛ではなく、
試練の中でもいつも守ってくださる愛です。
——サバティエ（Louis Auguste Sabatier, 一八三九〜一九〇一）

遺産相続

世界一の富豪は、世界一の富豪ではなくなりました。それはロックフェラーが、長い間立ててきた計画を実行に移したからです。彼は十億ドルを超える財産のすべてを息子と財団に譲ったのでした。彼は、娘たちにも一千二百万ドルの財産を相続し、自分にはたった二千万ドルのお金しか残していませんでした。

二千万ドルと言うと一般の人には想像もできない金額ですが、ロックフェラーにす

れば、ちょっとした小遣いにしかすぎない金額です。彼はそのお金を、これからの老後を楽しむ資金として考えていましたし、時には株に投資をしてお金を稼ぐこともありました。

彼は、自分自身にこのように言いました。

「これから私がやらなければならないことは、今残っているお金を上手に活用することです」

ロックフェラーは相変わらず、富は主から与えられるとの聖書のみことばを、そのまま信じていましたし、残された人生を楽しみながら生きるための計画を立てていました。

しかし、彼の事業家精神は依然として変わりませんでした。彼は価値があると思ったら、二千万ドルを借りて投資することもありました。事業感覚が優れている彼は、決してお金を損することはなかったので、引退後も相当稼ぐことができたのです。ある年には、投資だけで五千八百万ドルを稼いだのですが、彼はそのお金をすべて慈善事業へ寄付してしまいました。八十三歳以後もロックフェラーの個人財産は、常に二千五百万ドルを維持していました。

ロックフェラーは高齢にもかかわらず、教会に出席し、必ずこのように祈りをささげました。

「神様は、私に永遠のいのちと希望を与えてくださり、天の御国を受け継ぐように種を与えてくださいました。私は、一生を主の尊いいのちのみことばに従い、聖書を読み、教会で賛美と祈りをささげてきました。これから私と私の息子が、神様と交わる聖なる祝福を頂いて、教育事業、医療事業、文化事業を通して、世界中のすべての国々に神様の聖なるみこころを成し遂げようとしています。どうか、私が事業を通じてお金を稼いだ若い時のように、私の息子にも素晴らしい恵みと賜物を与えてくださるように、お祈り申し上げます」

時は流れて

長い歳月が過ぎ、ロックフェラーの友だちや家族がこの世を離れて天に召されて行くのを、多く見るようになりました。まず、仲があまり良くなかった弟のフランクがこの世を去りましたが、ロックフェラーは彼の葬儀に参列しました。その後、一九一六年にジョン・アーチボールドが亡くなり、一九二二年には、一生事業を共にしてきた弟ウィリアムが、医学研究所での治療にもかかわらず、咽喉がんと肺炎によってこの世を去りました。また、妻ローラが亡くなってから五年後には義妹が、十年後には妹のマリーアンが天に召されていきました。

ロックフェラーは、自分より年齢がずっと若かったゲイツ牧師よりもっと長生きしましたし、六十回目の誕生日を六日前にしてがんで亡くなった末子のイーディスよりもっと長生きしました。

このように多くの家族と親せき、仲間たちを失いましたが、ロックフェラーは相変わらず、ゴルフや自転車、乗馬を楽しみながら、生き生きと暮らしていました。それは、彼なりに最善を尽くして、愛する人々を失った悲しみを忘れようと努力していたからです。

彼は人々に「隣人のジョン」として呼ばれることを願っていましたので、時々隣人を招待してパーティーを開いたりもしました。そんな時には、子どもたちと一緒に庭を這いながら遊んだりするほど、無邪気に見える時もありました。彼は年をとってからは、かえって若い時よりもっと活気に満ちた、社交的な人になっていきました。

ロックフェラーは、若い頃の事業パートナーであったヘンリー・フラグラーが亡くなった後、彼がフロリダ州のオーモンド・ビーチに建てたフラグラーのホテルに泊まりながら、ゆったりと冬を過ごしました。彼はたまに、オーモンド・ビーチを一人で散歩しましたし、ゴルフを通して付き合うようになった友だちとコースに出て、ジョークを交わしながらゴルフを楽しんだりしました。

一九一七年、クリーブランドのフォレスト・ヒルズの家が原因不明の火事で燃えてしまった後、彼はポカンティコのキコユートで生活しました。彼は、日ごとに増える孫たち（ロックフェラー二世は、息子が五人、娘が一人いました）を呼んで、かくれんぼをしたり、素敵な灌木とオレンジの木、スコットランドの落葉樹が植えてある庭園を歩きながら、昔話をしてあげる時もありました。

ロックフェラーの誕生日は、地域住民たちにとっても、大切な行事の一つとして受け入れられるようになりました。ロックフェラー二世が父のためにニューヨークからバンドを招いて演奏会を開くと、近所の子どもたちはその演奏を聴きながら、アイスクリームとケーキを思いっきり食べられるので、喜んで集まって来ました。ロックフェラーはだんだん「キコユートの大人」の役割に慣れていきましたし、神様のみこころの通りに、家族がどんどん増えていくのを喜びながら眺めていました。

しかしその時にも、ロックフェラーはただ遊んでばかりいたのではありませんでした。ロックフェラー二世と彼の四男ウインスロップが、キコユートに来た時のことでした。ロックフェラーは体調が悪くて横になっていましたが、ロックフェラー二世とウインスロップがベッドルームに入ってくると、彼はほほ笑みながら目を覚ましました。そして彼はずっと何も言わないでいたのですが、しばらくして、秘書に夕刊を持ってこさせると、株価状況すべてに目を通した後、やっと息子や孫と話し始めました。

二つの願い

ロックフェラーは、自分の主治医であるビーガ博士と百歳までゴルフを一緒にすることを約束していましたし、それを希望として持っていました。彼はこの約束を守るために、楽なゴルフコースを捜して出かけましたが、その時に購入したのが、マンハッタンから南方へ八十キロメートル、大西洋の沿岸から西方に十五キロメートルほど離れた場所にある、ニュージャージー州のレークウッド・ゴルフハウスというゴルフ場でした。

ロックフェラーは毎年、春と秋に三階建てのクラブハウスまで取り揃えたゴルフハウスに何週間も泊まりながら、ゴルフを楽しみました。しかしビーガ博士は、ロックフェラーとゴルフを一緒にすると約束した百歳になる十三年前に天に召されたのでした。ビーガ博士を失ってしまったロックフェラーは、しばらくは悲しみに沈んで意気消沈しましたが、すぐに立ち直り、楽しそうに見えるほどになりました。

ロックフェラーは九十歳を超える年までゴルフを楽しみましたが、彼は相変わらず二つの願いを持っていました。一つ目は百歳まで生きることであり、二つ目は百歳までゴルフを楽しむことでした。

しらがは光栄の冠、それは正義の道に見いだされる。

箴言一六章三一節

29 果てしない慈善事業

他人のためにできる一番大きな善行は、自分の富を分け与えることではなく、その人自らの富を悟るようにすることである。

――ベンジャミン・ディズレーリ（Benjamin Disraeli, 一八〇四～一八八一）

老人ロックフェラーの財テク

ロックフェラー二世は、父に新しい時代にふさわしい財テクを勧めました。それは、より安定してお金を動かすことができる信託会社でした。ロックフェラー二世の義父ネルソン・アルドリッチは、当時国会財務議員として相当な影響力を行使していました。彼はアメリカの連邦準備制度を立法化するなど、アメリカの新しい金融システムを整える立役者として活動しました。

ロックフェラー二世は、父に新しい金融システムを理解させ、イクィトブル信託会社の筆頭株主になるように説得しました。ロックフェラーがイクィトブル信託会社に投資したとの噂が広まると、多くの投資者が集まって来たので、イクィトブルは急成長しました。一九二四年までに二億五千四百ドル以上の口座を保有するアメリカ八番目の大手銀行として浮上しましたし、一九二九年には、十四の中小企業及び信託会社を買収し、アメリカの最大手銀行の一つになりました。

ロックフェラーは、イクィトブル信託会社が急成長を遂げることによって、相当のお金を稼ぐことができました。彼は九十歳を超えた老人にはとても見えないほど、旺盛な知力を発揮しました。あるときには、若くもなく、年寄りでもない、年齢不詳の超越した人物に見られることもありました。まるで、もうすでに天の御国へ行っているかのように見えると言う人がいるほどでした。

ロックフェラーは、いつも次の聖書箇所を口ずさんでいました。

あなたがたは、髪を編んだり、金の飾りをつけたり、着物を着飾るような外面的なものではなく、むしろ、柔和で穏やかな霊という朽ちることのないものを持つ、心の中の隠れた人がらを飾りにしなさい。…(ペテロの手紙第一 三章三～四節)

ロックフェラーの肖像画を二回も描いた、有名な画家ジョン・シンガー・サージャント(John Singer Sargent, 一八五六～一九二五)は、このように言いました。

「ロックフェラーの顔は、神様が共にいらっしゃる平和に満ちた表情です」

そのためでしょうか。ロックフェラーはキーの高い澄んだ声で、時々讃美歌を口ずさんだりしました。

「イエス様は、私が光になることを望んでおられる……」

ロックフェラーの五番目の孫であるデビッド・ロックフェラーは、後日、世界最大の銀行であるチェイスマンハッタン銀行の総裁を勤めましたが、引退後、自分の回顧録に祖父ロックフェラーに対するこのような思い出を語りました。

「おじいさんは、人前で歌うことはありませんでした。しかし、おじいさんの歌は、心の底から満たしと平安があふれ流れるようでした」

神様の黄金

ロックフェラーは、九十歳をずっと過ぎた年になっても、株の投資を続けていました。彼は、あるときは五千七百万ドルまでお金を増やしましたが、アメリカの経済恐慌が深まり、株価が下落すると、財産が七百万ドルと大幅に減ってしまいました。しかし、彼はアメリカの景気回復のために努力するように、国民に向かって叫んだのでした。

「繁栄はいつも回りまわって、必ず戻って来るのです」

彼はこのように言いながら、仕事を失った人たちにお金を分け与えましたし、経営に苦しんでいたニュージャージーのスタンダード社の株を、百万株も買い取りました。しかし、この繁栄が一番先にロックフェラーのところに戻ってきました。九十六歳になったとき、生命保険会社から彼に五百万ドルが支払われたのです。ロックフェラーは、そのお金を「神様の黄金」と呼びました。

ロックフェラーは、経済恐慌がますます深まると、いつもアイディアあふれる補佐官アイビー・リーの勧めを受け入れ、街を歩くたびに知らない人々に小銭を分け与え始めました。初めは五セントの小銭で始めましたが、後には子どもたちには五セント、大人は十セントずつ分け与えました。この小銭を分け与えることは、爆発的な人気をもたらしました。彼が行く所はどこででも、人々が集まって小銭をもらうために騒いだのです。それは、小銭が大切だからではなく、このお金儲けの天才が触った小銭を受け取ることによって、自分にもロックフェラーの才能の一部が与えられるかもしれないと思ったからでした。

彼は、小銭を受け取る人々にアドバイスや祝福の言葉を伝えたりもしました。

「主が、あなたを祝福してくださいますように」

「プレゼントを受ける人は誰でも友人である」

「十セントは銀行に、一ペニーは小遣いに」

彼から小銭を受け取った人々は、その小銭を幸せの象徴として尊く思い、ひもに付けて壁に掛けたり、宝石箱に大事に保管したりしました。彼は、苦しい時代の新しいスターとなりました。

ロックフェラーは、観客が多い映画館の前や新聞販売店の前で小銭を分け与えましたし、人々と共にカメラの前に立つことも喜んでしました。彼は、そのつど人々にピリピへの手紙四章一九節のみことばを宣べ伝えました。

また、私の神は、キリスト・イエスにあるご自身の栄光の富をもって、あなたがたの必要をすべて満たしてくださいます。

ロックフェラーは、あるときは自ら書いた詩をコピーして渡すこともありました。

私は、幼い時から仕事と遊びを共に学びました。
私の人生は長くて幸せな休日のようでありながらも
仕事と遊びで満ちていました。
私は、心の中にある心配や思い煩いをすべて取り除いたので、主は毎日、私と共にいてくださるのです。

ロックフェラーは、非常に熱心に小銭を分け与えました。彼が分け与える小銭は、ほとんどが銀行で鋳造されたばかりの光輝く真新しい銀貨で、彼は当時、三万枚以上の小銭を分け与えたのでした。

ロックフェラーが小銭を分け与える活動を広げている間、彼の息子のロックフェラー二世は、多方面にわたって寄付活動をし、この世で最も尊敬される人物の一人になっていました。彼は父親に、自分はただ父親の働きを代わりに行っているだけである、との考えをそのまま手紙に書いて送りました。

このすべての努力と奮闘の日々の中で、お父さんがご自分の生きて来られた道と行いを通して現してくださった基本精神は、常に私の生きる模範であり、一番心強く、また胸がいっぱいになる喜びでした。

お父さんの、人類と事業のために成し遂げられた数多くの働きは、私に深い感動を与えたのです。お父さんを私の静かな人生のパートナーとして、この偉大な働きを遂行することこそ、私の最大の目標なのです。

ロックフェラーは自分の息子が、家族の名声と富を広く知らせていくのを遠い所から眺めていました。息子は、父親がそうであったように、科学分野への寄付をしていましたし、特に科学と芸術、自然保護のための慈善事業を大々的に行っていたのでした。

ロックフェラー二世は、山林の生い茂った数十万坪の土地を、国立公園に喜んで寄贈し、植民地時代の都市であったバージニア州ウィリアムズ・バークを復旧させました。またマンハッタンに、中世博物館とニューヨーク近代美術館を建設しましたが、この博物館の敷地を確保するために、ロックフェラー家の邸宅を撤去することも喜んで行ったのでした。

この世で富んでいる人たちに命じなさい。高ぶらないように。また、たよりにならない富に望みを置かないように。むしろ、私たちにすべての物を豊かに与えて楽しませてくださる神に望みを置くように。また、人の益を計り、良い行ないに富み、惜しまずに施し、喜んで分け与えるように。また、まことのいのちを得るために、未来に備えて良い基礎を自分自身のために築き上げるように。

テモテへの手紙第一 六章一七～一九節

30

もっと大きな喜び

夢はしっかりつかみなさい。夢を手放した人生は、翼が折れて飛べなくなった鳥と同じだからです。

——ラングストン・ヒューズ（Langston Hughes, 一九〇二〜一九六七）

回顧録を執筆

ロックフェラーは皆がびっくりするほど長生きすることによって、神秘的な存在になっていきました。彼は八十代でも元気旺盛にゴルフや乗馬を楽しみました。八十代後半になってからも百六十メートル以上のティーショットを飛ばすことができましたし、雨や雪が降る日にも、毎日一回は必ず車に乗ってドライブを楽しみました。

次第にロックフェラーは国宝的な存在になっていったので、毎年誕生日になると、新聞や雑誌の記者が大勢ポカンティコに押し寄せました。ロックフェラーはそのつど、麦わら帽子をななめにかぶってほほ笑みながら、カメラの前に現れて一言、二言話すこともありました。彼は過去の栄光を忘れない人でいようとするかのように低い声で言いました。

「スタンダード・オイル社に祝福を！　私たち皆にも！」

彼は、九十代に入ってからは体がやせてきましたが、縮んだようには見えませんでした。楽な服装でゴルフのスイングをする姿や、ポカンティコの広い芝生で孫たちと共にポーズを取る様子などが、たまに報道されたりしました。

彼は、もうすでにその時代の伝説になっていました。

一九二六年、サタデー・イブニング・ポスト紙に、次のような記事が載せられました。

ジョン・ロックフェラーは、人が人生において経験することができるすべての問題を経験した存在です。父親としての責任、個人的な良心、金銭管理、富める者の責任、長寿、宗教の問題など…。彼はこのようなすべての問題に対して、自らの人生そのものを通して、優れた回答を出してくれたのです。

ロックフェラーは年を取ってから、大勢の人から自叙伝を書くように勧められました。特に彼を補佐し、広報を担当したアイビー・リーは、月刊誌『ニューヨークワールド』の編集長であったウィリアム・イングリッシュを彼の伝記作家として推薦しました。そして、一九一七年から自叙伝の執筆が始まりました。イングリッシュは、一日一時間ずつ、ロックフェラーとの面談時間を持ちました。またイングリッシュは、ロックフェラーの親せきや同僚たちとも多くの面接を行いました。

執筆が終わると、イングリッシュは、自叙伝の草稿をロックフェラーに見せました。ロックフェラーはゆっくり原稿に目を通して、他のところはすべて気に入ったが、最後のところが気に入らないと言いました。イングリッシュは最後の部分でロックフェラーの「自らが成した成功」を強調しましたが、ロックフェラーは自分の力で成功したのではなく、神様の助けによって成功したことであると語りながら、最後のところを修正してくれるように頼みました。

彼はまた、スタンダード・オイル社の成功に対してこのように付け加えました。

「アメリカ企業の歴史上一番優れた事件ではないかもしれませんが、一番驚くべき事件の一つであったと思います」

彼は、そのくらい若い時の事業を誇りとして考えていたのです。

イングリッシはロックフェラーの意見を十分に受け入れ、彼の一代記をもう一度書き直して、ついに本としてこの世に出しました。しかしロックフェラーは、自分の本が出版された後は一回も読みませんでした。ロックフェラー二世は、父親の自叙伝の原本と複写本を家族文庫に保管しました。

その後、ロックフェラーに対する研究論文や本などが次々と発行されました。ジョン・T・プーリンは、『神様の黄金』という本を書きました。彼はロックフェラーを「今日、一番汚れていない世界的な富豪」と評価しました。またB・F・ウィンケルマンは『ジョン・D・ロックフェラー』という本の中で「ロックフェラーが成し遂げた働きは、良いだけでとどまらず、偉大と言えるものである」と書きました。

コロンビア大学のエルラン・ネビンソンは『ジョン・D・ロックフェラー：アメリカ企業の英雄時代』という膨大な本を、ロックフェラーが天に召されて三年後に出版しました。彼はこの本の中で、ロックフェラーについてこのように語っています。

天才的な組織力と目標を成就させようとする粘り強さと先見力、そして迅速な決断力で、ロックフェラーはこの時代に、最も偉大な人物の一人になったのです。

その後も、ロックフェラーに対する伝記や評論のような本が絶えず出版されました。ロックフェラーの伝記である『タイタン』と、四代にわたるロックフェラー家のストーリーをすべて載せた『ロックフェラー家の人たち』などが有名になった本です。

父と息子

一九二〇年代になると、父親の財産と働きを受け継いだロックフェラー二世は、アメリカ財界の代弁者としての地位を固めていきました。彼は慈善事業家としても素晴らしい業績を残しましたが、数多くの国際関係・文化などにおいて、アメリカの歴史において類を見ない影響力を及ぼしていました。彼はよく大統領と朝食を共にしましたし、数多くの社会・文化・宗教団体の主要メンバーとして、野心に満ちた未来の計画も持っていました。

ロックフェラー二世は、事業よりは慈善活動にすべての関心を注ぎました。落ち着いて敬虔な性格であった父親の名誉を高め、一族の名を輝かせる働きが自分に任されている使命であると強く信じていました。他の財閥たちも巨額の寄付をし、財団を設立しましたが、大方の場合が博物館や病院、または自分自身の母校を対象にして成されたものなので、いわゆるノブレス・オブリージュ（noblesse oblige）に基づいた寄付が多かったのです。

しかし、ロックフェラー二世の慈善事業は違っていました。彼は、そのように非効率的で衝動的ではない、科学的で綿密な調査を伴った、慈善事業を大々的に広げていったのでした。それは、もちろん父親とゲイツ牧師を通して学んできた、善行についての指標のおかげでした。

彼は、スタンダード・オイル・トラストの時代に、父親がお金を扱う時に見せたのと同じ厳しい姿勢で膨大な資本を動かしました。ロックフェラー二世にとっては、慈善事業は職業であり、時代的な召命だったのです。

一九二九年一〇月二四日、ブラックマンデーに大恐慌の最初の衝撃を受けた人々が押しかけると、株式価格は半減して、経済状況は非常に暗くなってしまいました。暗黒の時が長い間続いて、大恐慌が押し寄せてくることが確実になったある日、アイビー・リーはロックフェラー二世に電話をかけました。彼はこの歴史の分岐点において、アメリカ社会一番の重鎮であるロックフェラーが、公に励ましの言葉を贈るのが何よりも重要であると言いました。

ロックフェラー二世はアイビー・リーの意見に同意し、父親を説得するためにポカンティコを訪ねました。ロックフェラーは、初めは「愚かな若者たち」がだめにしてしまったところには行きたくないと断ったのですが、息子の切なる願いに従うしかありませんでした。

九十歳のロックフェラーは、アイビー・リーが準備した原稿を持って大衆の前に立ちました。

「私は九十年間生きながら、恐慌が来るのをたくさん見てきました。しかし、いつも豊かさは戻ってきました。ですから、今回も同じでしょう」

彼は最後に、このように付け加えました。

「私は、この国の経済的な基盤が健全であることを信じているのです」

彼の演説は大衆に、アメリカの未来を明るく見るように導く効果がありました。少なくとも人々は、ロックフェラーがその年齢にもかかわらず、未来を楽天的に考えるところを見て、その点だけは学ぶべきであると考えるようになったのです。

その日の新聞には、ロックフェラー家が株価を維持するために、スタンダード・ニュージャージー株を百万株購入したとの記事が載せられていました。

老人の日常

ロックフェラーは相変わらず、年を取れば取るほど元気になり、軽くゴルフをしたり、ドライブを楽しむなど、たゆまず安定した生活を楽しみました。彼は、どのような知らせにも、驚くとかいぶかしがる表情をすることなく、人生を達観した人らしく、ゆとりを持って振る舞いました。食事の時は、周りの人々と共に食事をしながら、冗談交じりの雑談などで緊張を取り除いたりしました。

彼の日常は、まるで定まった儀式を行うかのように、ほとんど毎日が同じパターンの繰り返しでした。朝六時半に目覚めると、三十分ほど新聞を読んでから、八時頃までは家の中や庭を歩き回って、庭の花やプール、ガレージを見ながら、働いている人たちに小銭を渡して話しかけたりしました。

八時からは朝食の時間でしたが、家族や客を皆集めて祈りの時間を持った後、聖書を読み、それから食事をするのでした。

食事が終わると、一人で食卓に座ってカードゲームをやりながら時間を過ごしました。それはヌメリカというゲームで、記憶力と判断力を高めるものでした。ロックフェラーは食事が終わると、必ずこのカードゲームを三十分間しました。

九時からは、それなりに一日の業務に入って行く時間でした。まず彼あてに来た手紙に目を通し、プレゼントなどを調べたりします。その時間が終わると、株の値動きを調べました。彼は朝起きて見た新聞をもう一度調べながら、株価を把握したりしました。このとき、株に対して興味のある家族や客がいると、その人を捕まえて株価の見込みや動きに対しての話題に夢中になったりすることもありました。

十時三十分、ロックフェラーはポカンティコの敷地に付いている九ホールのコースに出て、一時間くらいゴルフをしました。たまに客が来た日には、その客と一緒にゴルフをすることもありましたが、ほとんど一人でプレーしました。

お昼の十二時になると、ロックフェラーは邸宅に戻ってお風呂に入った後、昼寝をしました。人々は、この昼寝が彼を長生きさせた良薬だったと言っていました。

昼の一時に昼寝から起きてランチを食べた後、またカードゲームを始めました。二時三十分になると、彼は病気の時を除いては、雨の日や雪の日も一日も休まずドライブに出かけました。彼は、オープンカーに乗って走るのが好きでした。日差しが強かったり、風が吹く日にはサングラスをかけてオープンカーに乗りました。

彼は、スピードを楽しむ人でしたので、たまに運転手に指示して、前に走っている車を追い越したりすることもありました。美しい景色を楽しみ、気分が良い日には、車から降りて歩きました。草の上に座っておしゃべりしたり、ふざけることも好きでした。時には通り過ぎる人に声をかけたり、知っている人には、野の花をプレゼントしたりもしました。彼は、話してみて心が通じ合うと自分の車に乗せてあげましたし、時には家まで招待して、共に食事をしたりもしました。

家に帰った後、彼はもう一度眠ってから七時に夕食を取りましたが、お客さんが来ている時には、朝と同じように皆集まって一緒に食事をしました。夕食の時間が終わると、彼はまたカードゲームを楽しむのでした。

夜の九時からは、聖書を読む時間でした。彼がソファーに横になるか、または椅子に座ると、秘書は聖書を読み始めました。時々、有名な牧師の説教集を読む時もありました。一時間の聖書と祈りの時間が終わると、彼は十時頃ベッドに入りました。

年を取れば取るほど、だんだん休みの時間が増え、ゴルフをする時間が減っただけで、彼は長年、このスケジュール通りに規則正しく生活したのでした。

九十代の半ばに入ってから、彼の体は目に見えて弱くなり、体も少しずつ小さくなっていきました。そのため、彼が好きだった乗馬、散歩、ゴルフを楽しむ時間も減らすようになりました。彼は幾つかの皿に置かれた料理を、小鳥のように少しずつしか食べられなくなり、医者がそばに待機していなければならない時もありました。それでも毎日ゴルフをすることをやめませんでしたが、あるときはコースに出たことだけで満足しなければならない時もあったのです。

彼は、人生最後の目標を成し遂げるために、エネルギーを蓄えるようにしていました。ちょうどその頃、訪ねて来たオーモンド・ビーチ市長に、自分の最後の目標を話しました。

「私は良いと言われることは、すべて試してみています。本当に百歳まで生きてみたいからです」

しかし彼はますます衰えていき、酸素呼吸器と看護士の助けが必要な時が生じ始めました。

巨大な記念碑

アメリカの全域に大恐慌が起き始めたある日、ロックフェラー二世は、マンハッタンの中心部にロックフェラーセンターを建設することを決心しました。経済状況が最悪な時に工事を始めて、大変な状況のただ中にいる人々に仕事を与えると同時に、ロックフェラー家を記念する記念碑を建てようとした事業でした。ロックフェラー二世は、ロックフェラーセンターの建設を通して、苦しんでいるニューヨーク州の財政に寄与しながら、商業的な成功も得ることができると見ていたのです。

ロックフェラー二世は、ロックフェラーセンターに、オペラハウスをはじめ商業的に利用可能なミュージックホールと劇場、商店などが入る、今日「都市の中の都市(A city within a city)」と呼ばれる、大規模な複合文化空間を造り出しました。ロックフェラーセンターの建設予算は、建築費だけでも一億二千万ドルに達する、それこそ世紀的な規模の工事でした。

ロックフェラー財団は、有名な建築家R・フッド、W・ヘリスンなどを動員して、ロックフェラーセンターの設計に入りました。設計によると、この複合文化空間には、二百ほどの商店と五千八百二十二席のラジオ・シティ・ミュージックホール、NBCの七つのスタジオ、四百五十席のギルド映画館（The Guild Theater）、チャンネル・ガーデン（The Channel Garden）、ローワープラザ（The Lower Plaza）、聖パトリック教会などが入るようになっていました。そして、高層部分には今日のオフィスビルと同じように、事務室などの企業が入るようになっていました。

ロックフェラー二世は、新しい建築物の設計に非常に満足していましたし、また事業的な成功を確信していました。ロックフェラー財団の取締役会は、ロックフェラーセンターの建設を決意して、このように発表したのです。

「ロックフェラーセンターは、最大限の収益を保証する、一番美しく整えられた商業中心施設として造られることでしょう。ロックフェラーセンターは、すべての建物が地下鉄とつながっているので、都市の地下にヒューマニズムを感じさせる、史上初の空間を創造するでしょう」

このようにして、十年にわたる工事期間を通して、史上最大の記念碑が立てられたのでした。ロックフェラー財団は、ロックフェラーセンターを建築しながら、ニューヨーク州が大恐慌のゆえに困難に直面していることを勘案して、ニューヨークの水道管を自費でつなぐようにし、ニューヨーク市民たちが生涯水道料金を支払うことなく、安心して生活できるような恵みを受けられるようにしました。

ロックフェラー二世は、ウィリアムズ・バークの復元や他の建物を建築する時と同じように、自分の趣味でありながら、能力を十分に発揮することができるチャンスが与えられたことを喜んでいました。彼は非常にうれしくなって、建設期間中、時間があるたびに建築現場を隅々まで見て回りながら、建築家たち、請負業者たちと一緒になって管理や監督を行いました。そのような時には、彼の後ろのポケットには、いつも百二十センチメートルの物差しが入っていました。彼は現場を回りながら、疑問があれば物差しを出して直接計ってみるなど作業を督励しました。

しかし、その物差しをロックフェラー二世の孫である、スティーブンとアンがこっそり持って遊んでいるうちに、折ってしまったので大変な騒ぎが起こりました。彼らはニューヨークの中心地にある金物屋を数十軒も歩き回りながら、同じような物差しを捜しましたが、見つかりませんでした。後日、その物差しはロックフェラー二世を象徴する物になったと言います。

巨大な建造物が建てられ始めると、大勢の人がこの巨大な建物を見ようと毎日集まってきました。アイビー・リーとロックフェラー二世は「工事見学の歩行者の集い」という集まりをつくって、見に来た人たちに配慮しながら見学場所を提供しました。中でも熱狂的な人たちには、メンバーシップカードを製作して配りました。

大恐慌の中で建築工事が進んだので、ストライキのようなことは全く起こりませんでした。かえって、建築組合の組合員たちは、ロックフェラーセンターを建築する間、数百万時間の仕事に就けたことをありがたく思い、真心を込めて仕事に励みました。

特にクリスマスには組合員たちが、経済恐慌にもかかわらず、雇って生活を維持してくれたロックフェラーに感謝の思いを伝えるために、クリスマスツリーの点燈式を行ったのです。この行事は、建設が終わった後も続けられ、毎年クリスマスになると、これを見るために集まる観光客によって、ロックフェラーセンターの周りは交通が一時的に麻痺してしまうほど、今でも名物になっています。

一九三九年、ロックフェラーセンターは十年近くの工事を終えて、やっと竣工されました。ロックフェラーセンターは地上七十階の屋上に展望台がある、高さ二百五十六メートルのＲＣＡビルを中心として、周りに十三棟の同じ高さの高層ビルが建てられました。さらに第二次世界大戦後、二棟の高層ビルが増えて、全部で十六棟の大規模な高層ビル街になりました。この記念碑的な建築物は、ビルの高層化だけを追求していたニューヨークの摩天楼時代に終わりを告げ、適切な空間を整え、風通しや採光および交通を円滑にするなど、環境改善を志向した画期的な建築物になりました。

ここに設けられた映画館とショープログラムで有名なラジオ・シティ・ミュージックホールも、人気ある名所となりました。中央のローワープラザは、屋外のガーデンスタイルの休憩場所として、夏には屋外レストランが入り、冬にはスケートリンクになりました。

ロックフェラーセンターは七十年近くの時間が流れた今も「ニューヨークの心臓」と呼ばれていて、ニューヨーカーたちが一番好む場所になっただけでなく、最初の複合文化空間として、大規模な複合都市開発プロジェクトに対する先進事例としても教科書的な意味を持っています。後日、ロックフェラー財団は、国連本部の建物を建てる時、ロックフェラーセンターに属している土地を無料で提供しました。

しかし、ロックフェラーは、ロックフェラーセンターが竣工する二年前に、息を引き取ってしまったのです。

私の兄弟たち。誰かが自分には信仰があると言っても、その人に行ないがないなら、何の役に立ちましょう。そのような信仰がその人を救うことができるでしょうか。

ヤコブの手紙二章一四節

31

神様のみことばに答える

幸運を確信して、幸運が訪れることを信じるなら、幸運はもっと近いところから手を振るでしょう。
——トマス・ジェファーソン（Thomas Jefferson, 一七四三～一八二六）

命が暮れる時

初めて酸素呼吸器を使用した日、ロックフェラーは自分の体がいかに衰えてきたのかを実感させられ、死が近づいていることを悟りました。すると五十五歳の時に初めて経験した死の恐怖が思い浮かびました。初めの頃、寝ることも食べることもできず、髪の毛と眉毛が抜けて体が縮まっていった時、どれほど恐れに包まれていたのか。

彼はその時、神様にささげた祈りを思い出しました。

「神様、どうか私を健康にしてください。長生きしたいからではなく、今まで私が稼いできたお金を、この世のために有益に用いたいからです」

神様は、彼の祈りに答えてくださり、彼は健康な体で四十三年間を生きながら、世界最高の慈善事業家であるという栄誉を受けることができたのです。

彼はこのように回想しながら、神様に感謝の祈りをささげました。

「神様、私の人生の前半であった五十五年間は追われて生きてきましたが、後半の四十三年は幸せでした」

ある朝、眠りから目を覚ましたロックフェラーは、妻の顔がまるで昨日見たように思い出されました。彼はこのことで、死の御使いが自分のところに降りて来るのを感じたのです。

彼はゆっくりベッドから立ち上がって、ひざまずいて祈りをささげました。

「神様、神様が私を見てくださるその目で、私が私自身を見ることができるようにしてくださったことを、本当に感謝いたします。今まで、私の弱さを補ってくださり、健康を維持できるように守られたことも感謝します。これから私は、私の心の中に残っている人々と、もう一度会うでしょう。神様、どんなことからも逃げたりはしません。今まで守ってくださったことを深く感謝いたします」

祈りを終えたロックフェラーは、その場から立ち上がりました。そして彼は、「私の中に残っている人」と向き合いました。

「愛するローラ、私があなたに会いに行く時が来たようだよ。今まであまりにも長く、あなたと離れていたからね」

ロックフェラーは、妻が目の前にいるかのように話しかけました。

その日の午後、ロックフェラーは孫のロレンスに言いました。

「私は、あなたが乗って坂を滑り下りていく自転車と同じだ。私はずいぶん低く下りて来たんだね。どうしても、これ以上は無理だろうな」

孫は、後になって祖父の言葉の意味を理解することができました。

その日の夜、聖書の時間にロックフェラーは秘書に、創世記一三章を読んでくれるように頼みました。秘書は、朗々たる声でその箇所を読みました。

ロトがアブラムと別れて後、主はアブラムに仰せられた。「さあ、目を上げて、あなたがいる所から北と南、東と西を見渡しなさい。わたしは、あなたが見渡しているこの地全部を、永久にあなたとあなたの子孫とに与えよう。わたしは、あなたの子孫を地のちりのようにならせる。もし人が地のちりを数えることができれば、あなたの子孫をも数えることができよう。立って、その地を縦と横に歩き回りなさい。わたしがあなたに、その地を与えるのだから。」そこで、アブラムは天幕を移して、ヘブロンにあるマムレの樫の木のそばに来て住んだ。そして、そこに主のための祭壇を築いた。(創世記一三章一四〜一八節)

その日の夜、神様は彼に尋ねました。

「あなたは、もう思い残すことはないのか?」

ロックフェラーは、神様に答えました。

「神様は、私の苦難の日に私に答えてくださり、私が歩んだすべての道に共にいてくださいました。そのおかげで、私はここに神様のための祭壇を築くことができたのに、どうして思い残すことがあるでしょうか」

彼の最期

ロックフェラーの九十八回目の誕生日を何日か前にした、一九三七年五月二十二日。彼は、たまに酸素呼吸器を付けなければなりませんでしたが、心はとても安らかでした。その日、彼は具合が悪かったのか、看護士にしばしば起こしてくれるように頼み、看護士が手伝ってあげると、満足な表情になりました。

夕方頃になって、ロックフェラーは看護士に体をもっと高く起こしてくれるように頼んだので、そのようにすると、看護士にこのように言ったのでした。

「うん、ずっと良いですね」

そして、彼は眠ったように見えました。夜の十二時が過ぎて夜明けが近付いたとき、彼は心臓麻痺を起こし、夜明けの四時五分に息を引き取りました。

彼は願ったように百歳までは生きることができませんでしたが、世界一の富豪であり世界最高の慈善事業家であるという、二つの人生を素晴らしく生き抜いたのでした。また当時としてはまれでしたが、一世紀に近い生涯を生き、ついに安らかな死を迎えたのです。

五月二十三日の朝早く、ロックフェラー二世は、知らせを聞いて急いでポカンティコへ向かいました。彼は家に入るとすぐ、気が狂ったように一気に二階までかけ上がりました。しかし、父の心臓はもうすでに止まっており、一時間後には息も止まってしまいました。

次の日、嫁であるアビーは彼女の妹に次のような手紙を書きました。

お父様は、まるで眠るかのようにこの世を離れたの。不思議な最期だった。たまに、ジョンと私はお父様が植物状態になるのではないか、たくさん苦しむのではないだろうかと心配していたけど…。

お父様は、亡くなられる前の金曜日に六十キロメートルもドライブをし、土曜日には四時間も庭園でゆったり座っていたとのことでした。ただ、日曜日の朝のお祈りだけはできなかったようですけれど。ですから、本当に幸せに天に召されたの。

ロックフェラーの葬儀は五月二十五日に家族と親せきたち、数人しか残されていない仲間と、引退してから知り合った幾人かの友だちが参列して、ポカンティコで行われました。追悼礼拝が終わると、ポカンティコで働いた人々が帽子を取って並び立ち、この世を離れる主人の最後の道を見送りました。

その日の夕方六時半、ロックフェラーの遺体は、ロックフェラー二世とその五人の息子たちによって、二両の貸し切り列車に乗せられました。

五月二十七日、ジョン・デヴィソン・ロックフェラーは、二十年ぶりにクリーブランドに戻って来ました。彼は、妻ローラと母のイライザの間に葬られました。彼の周囲には家族だけではなく、義父母をはじめ、彼と苦楽を共にした数多くの友人が眠っていました。マーク・ハンナ、モーリス・クラーク、友人の妻バーカス、そして主治医であったビーガもいました。

彼が地に葬られる日、スタンダード・オイル社の本社はもちろん、アメリカ全域と全世界の数多くの関連企業などが、同時に仕事を止めて五分間黙祷をささげました。一時は、独占資本家として多くの悪口も言われてきましたが、今は最大の慈善家であり、人類の恩人として賞賛される人となったことによる黙祷だったのです。

ロックフェラーには、五人の子どもと十五人の孫、そして十一人のひ孫が与えられ、彼が残した財産は二千五百万ドルほどでした。彼は、自分の財産をすべて分け与えてから二十年間、少しのお金も減らしませんでした。死ぬ時まで、大資本家らしい姿を見せてくれたのです。

しかし、私にとっては、あなたがたによる判定、あるいは、およそ人間による判決を受けることは、非常に小さなことです。事実、私は自分で自分をさばくことさえしません。私にはやましいことは少しもありませんが、だからといって、それで無罪とされるのではありません。私をさばく方は主です。

コリント人への手紙第一 四章三～四節

32

ロックフェラーが残したもの

信仰は本能であります。それは両足で歩くのと同じように、人間に生まれつき備えられているものです。

――リヒテンベルグ（Georg Christoph Lichtenberg, 1742～1799）

ロックフェラーが残した遺産

ロックフェラー死亡の知らせが伝わると、一時は彼を非難した人々も賞賛し始めました。彼の宿敵であった裁判官のセミュエル・アンタマイアはロックフェラーを「世界最高の市民」だったと高く評価し、有力な政治家だったジェイムス・A・パリは、ロックフェラーを「偉大なビジョンを持っていた偉大な人物」と評しました。

今日もロックフェラーは、世界一の富豪の代名詞とされています。彼は百年近く生きながら、現在の価値に換算すると、現在世界一の富豪として知られているビル・ゲイツより、およそ三倍以上のお金を稼いでいたのです。

ドイツの政治家レオポルド・ヴォン・ビスマルク（Leopold von Bismarck, 一八一五～一八九八）と共に、現代をつくった人物の中で、一番著しい功績を立てた人物と言えばロックフェラーを指すほど、現代資本主義を構築するのに大きな寄与をした人として高く評価されています。

ロックフェラーは、貧しい家庭で平凡な子どもとして生まれました。彼は、他の分野においては平凡な子どもにすぎませんでしたが、暗算の実力は非常に優れていて、難解な数学の問題をよく解くことができる才能を持っていました。

彼は、大学も卒業せずに就職して事業を学びました。彼は大きな夢を抱いていましたし、事業感覚を取り揃えていた人でした。二十歳の若さで会社を始め、その頃起きた南北戦争とオイルラッシュによって、余勢を駆って勝つ企業人となりました。

彼は、未来を見ることができる洞察力を持っていました。彼は石油事業を始めながら、原油を生産するよりは、それを精製すること、さらにより安く輸送することに大きな利益があると考えていました。彼は鉄道会社とリベート契約を結ぶことによって、運送権の掌握と送油管とトンネル設備などを受託して、競争者たちを退けながら情熱的に事業を推進しました。

その間もロックフェラーはただ、石油のみを考えていました。洋服はいつも石油のにおいがしましたし、家に帰ると事業の構想に夜を明かすほどでした。そのようにして彼が導くスタンダード・オイル社は、一つの事業に多くの分野をすべて独占させる最初の企業として、石油市場の九十五パーセントを独占しながら、前にも後にもない富をつかむことができたのです。

しかし、秘密カルテルの形成と輸送業界のリベート提供に対する非難によって、ロックフェラーは悪い企業主であるとの汚名をかぶるようになります。一九一一年、スタンダード・オイル社は、アメリカ合衆国連邦最高裁判所から、反トラスト法の違法による解散命令を受け、三十三の会社に解体されました。しかし、会社が解体された後、株価が急に値上がりしたために、かえってロックフェラーの財産は二億ドルから十億ドルに、五倍も増えました。それは彼が事実上引退した後に起こったことです。

ロックフェラーはその時、重要な決心をしました。

「事業をして世界一の富豪になったように、慈善事業を通しても世界一の富豪になろう」

その後、彼は事業から離れて、ひたすら慈善事業のみに専念したのでした。彼は、慈善事業にも事業と同じような、多くの努力が必要であることを悟りました。本当にお金が必要なところを探し出すことも、お金を稼ぐことと同じくらい大変だったのです。彼は、細かく緻密な慈善事業を展開して、さすがロックフェラーらしいとの評価を聞きながら、ロックフェラー家の土台を固めました。

ロックフェラーは、ロックフェラー医学研究所とロックフェラー財団をはじめ、シカゴ大学など十二の総合大学と十二の短大、四千九百二十八の教会を建てて、社会に貢献しました。

その中でも、シカゴ大学は、創立以来百年間に七十名のノーベル賞受賞者を生み出し、現職の教授の中にもノーベル賞受賞者が何十人もいるほどです。これだけ見ても、アメリカ社会の中でシカゴ大学の影響力がどれほど大きいか想像できるでしょう。

それにもかかわらず、ロックフェラーは自分が建てたその多くの大学と教会には、自分の名前を残しませんでした。彼は、すべては神様のものであるので、自分は何も誇るものはないという姿勢を固く守り通したからです。また個人的な生活においては、一銭でも無駄使いはしないという節約の精神で一生を貫きました。彼は事業にだけでなく、家族にも厳しかったし、それが正しいと固く信じる信念の人でした。そのような父を模範としながら成長したロックフェラー二世も、同じように一生節約の精神と姿勢を守り通しました。

ロックフェラー二世は、父がこの世を離れてから二年後に、天に向かってそびえ立つロックフェラーセンターを竣工することによって、偉大なロックフェラー家の神話をつくりました。その後、ロックフェラーの子孫たちは、過去百年の間、アメリカ社会の企業経営、慈善事業の分野だけでなく、芸術・政治分野においても頭角を現し続けています。

孫であるネルソン・アルドリッチ・ロックフェラーは、後にニューヨーク州知事を経て、アメリカ合衆国副大統領にまでなりました。ネルソンの弟であるウィンスロップ・ロックフェラーは、アーカンソー州の知事になり、ジョン・D・ロックフェラー四世は、ウェストバージニア州の知事及び上院議員になりました。

一九九八年、『タイタン』というタイトルでロックフェラーの一代記を書いたロン・チャーナウは、このように評価しています。

ロックフェラーは誰にもできない良い働きをあまりにも多く成就させたので、神様はロックフェラーの良い働きを覚えてくださり、彼を喜んでくださったのでしょう。

初穂の人

このように世界一の富豪、世界最高の慈善事業家になったロックフェラーには、公然の秘密が一つありました。それは、彼自身が稼ぐお金の十分の一は必ず、神様にささげたという事実です。このように言うと今さら何を言っているのか、と思われる読者もおられるでしょう。今までこの本を読み続けてきたのに、そんなことがわからないはずはないでしょう、と。

しかしロックフェラーが一生、自分が稼いだお金の十分の一を必ず神様にささげたという事実には、彼だけが知っている秘密があったことを知らなければなりません。この本は、その秘密を解き明かすために書かれたものです。

その秘密とは、非常に簡単なものです。キリスト者なら誰でも十分の一献金をささげているはずでしょうが、ロックフェラーの場合は、義務感から十分の一献金をささげたのではなく、ある信念を持って十分の一献金をささげたという点が違っていました。

ロックフェラーは、今までの各章を通して調べてみたように、十分の一献金の秘密を知っていた人だったのです。しかし、彼が知っていた十分の一献金の真の秘密は別にありました。彼は自分自身がささげた十分の一献金が、神様の畑にまかれ、芽を出して大きくなり、やがて実を結ぶようになるということを悟っていたのです。

ただ単純に、稼いだお金の十分の一を神様にささげたのではなく、真心込めて自分が稼いだお金を計算し、無駄なところにお金を浪費することなく、種をまく心で感謝しながら喜びをもって献金をささげました。そうしたら、天の御国の畑からその種が芽を出して成長し、他のところに行くのではなく、あふれるほどの実をもって自分に返ってきたのです。ロックフェラーはこれを、神様が福利として増やしてくださると表現しました。

彼は四十名の職員を雇いながら、正確に計算して完全な十分の一献金をささげる模範を見せてくれたのです。ロックフェラーは、種はどこにでもまくのではなく、一番豊かな大地である天の御国にまくべきであり、必ずまいた通りに刈り取るということを人類に確実に見せてくれた「初穂の人」となったのです。

ここに、ロックフェラーの秘密が隠されています。

後日、彼は自分自身の生涯を振り返りながら、自叙伝の中でこのように語りました。

「私が全人類を助けることができる、想像をはるかに超えた財産を集めることができたのは神様の摂理です。私は、人々にお金を分け与えた後にもかえって財産がますます増えていく、神様のプレゼントを頂きました」

十分の一をことごとく、宝物倉に携えて来て、わたしの家の食物とせよ。こうしてわたしをためしてみよ。――万軍の主は仰せられる――わたしがあなたがたのために、天の窓を開き、あふれるばかりの祝福をあなたがたに注ぐかどうかをためしてみよ。

マラキ書三章一〇節

ロックフェラーが知っていた「もうけ方」

2008年 8月25日　初版発行
2008年11月28日　2刷発行

著　者　イ・チェユン

訳　者　高橋淑恵

表紙イラスト　許《ホ》　丙燦《ビョンチャン》

発　行　小牧者出版
〒300-3253　茨城県つくば市大曽根3793-2
TEL: 029-864-8031
FAX: 029-864-8032
E-mail: saiwai_sub@agape-tls.com
ホームページ: www.agapenet.jp

 ISBN978-4-904308-01-1